Let'sチャレンジ次世代伝道!!
ゲーム・イベントアイデア77 Part 2

西村 希望 [著]

JESUS FAMILY みどり野キリスト教会 [編]

CS成長センター

はじめに

〜次世代への働きは、祝福の源です〜

ハレルヤ！

　子どもたちに伝道し、彼らを主の弟子として育成することは、教会にとって大きな祝福となります。次世代の子どもたちは大きな希望であり、これからの時代を担うかけがえのない財産です。今、教会は厳しい時代の中に置かれていますが、希望と勇気をもって若い世代に仕えていきましょう。

　既刊の『ジョイジョイゲーム・イベントアイデア77』(CS成長センター) に続き、このたび第2弾のゲーム集を出版することができ、主の御名をあがめています。本書も前書と同様に、次世代への働きの大切さと具体的なアドバイスをお伝えするとともに、幼い子どもたちと若者（ユース）への伝道の働きに役立つゲームとイベントのアイデアをご紹介します。

　これらのゲームやイベントはどれも、私たちが実際に子どもたちと楽しんできたものです。楽しいゲームは子どもたちの体と心を解きほぐし、スタッフとの親しい関係を築き、「教会は楽しい、居心地のよいところだ」という思いを与えて、彼らが教会につながるきっかけになってくれます。

　また本書では、大きな実りを与えるキャンプの働きについても取り上げました。

前書でもお伝えしましたが、私たちの教会では、子どもたちを「お友だち」と呼んでいます。それは、「子どもという子どもはいない。子どもという人間がいる」（内越言平師）という教えからくるもので、一人の人格としての幼い子どもの存在を大切にし、愛するという姿勢の表れなのです。そのような意味をこめて、本書でもこの「お友だち」という呼び方を用いています。

　本書のメッセージを通して、お友だちへの伝道の大切さ・すばらしさに改めて確信をもっていただき、一人のお友だち・一人のユースが主に導かれる助けとなるために、ご紹介したゲームやイベントのアイデアを用いていただけるならば幸いです。

　次世代に仕えていらっしゃる先生がたのお働きが祝福され、豊かな実を結ぶことを心よりお祈りしています。

　2009年9月

JESUS　FAMILY　みどり野キリスト教会

ユースパスター　西村希望

〈http://www.jesusfamily.jp/〉

目 次

はじめに　*3*

収穫のための種まきを　9
次世代への伝道は、日本のリバイバルへの種まき
韓国のリバイバルに学ぶ
外に出ていく
あきらめない、失敗や傷つくことを恐れない
閉塞感を吹き飛ばせ
ユースミニストリー
「キッズハウス」にチャレンジ！
イベントにチャレンジ！
イベントのためのアドバイス
毎週イベントを
最重要ミニストリー

キッズゲーム
1　ピンを守れ　*32*
2　「牛さん、起きて！」　*33*
3　突き破れ！新聞リレー　*35*
4　障害物ブロック積みリレー　*36*
5　トイレットペーパー積みリレー　*38*
6　何でも積みリレー　*39*
7　ピン倒し　*40*
8　ブロック引き競争　*41*
9　ウエートレスリレー　*43*

10	カラーボール運びリレー	*44*
11	人間神経衰弱	*45*
12	キック＆シュートゲーム	*46*
13	パスパスゲーム	*47*
14	突破せよ！	*48*
15	陣地に入れ	*49*
16	対戦座り相撲	*50*
17	動きドッジ	*51*
18	マッスル	*52*
19	ビーチボール送りリレー	*53*
20	ボールまたくぐりリレー	*54*
21	座布団取りゲーム	*55*
22	新聞紙ファッションショー	*56*
23	フラフープ通し	*57*
24	リレー with フラフープ	*58*
25	まるオニ	*59*
26	ブロック崩し	*60*
27	BIGパズル	*61*
28	1 on 1	*62*
29	カラーボールどっこいしょ	*63*
30	どっちが長い？	*64*
31	ボールファイティング	*65*
32	ジャンプロール	*66*
33	レッツタオルリレー	*67*
34	買い物ゲーム	*68*
35	あめリレー	*69*
36	ゴーファイト	*70*
37	コイン隠し	*72*
38	人間間違い探し	*73*

39　目隠し足踏み　*74*

キッズハウスゲーム

40　ボヨンボヨン爆弾　*76*
41　Kハウスカード集め　*77*
42　フリスビーリレー　*78*
43　足バスケット　*79*
44　世界の国ことばジャンケン　*80*
45　トレジャーハント　*81*
46　福袋引き　*82*

ユースゲーム

47　座りバレー　*84*
48　マシュマロキャッチ　*85*
49　まめまめ選手権　*86*
50　絵しり取り　*87*
51　物語ジェスチャー　*88*
52　メール早打ちゲーム　*89*
53　以心伝心3文字単語クイズ　*90*
54　瞬間判断力　*91*
55　一致ゲーム　*92*
56　口パクを当てろ！　*93*
57　ジェンガリレー　*94*
58　10秒メモリービンゴ　*95*
59　聖徳太子ゲーム　*96*
60　勝ち残りジャンケン　*97*
61　トランプジャンケン　*98*
62　略語クイズ　*99*
63　早口ことば風船バトル　*100*

64　ビックウェーブサーフィン　　*102*
　65　王様だあれ　*103*
　66　このあとどうなるでしょう　　*105*
　67　チュウかんテスト　*106*

キッズイベント

　68　お菓子の家づくり　*108*
　69　ハンバーガーキッズ　*109*
　70　アドベンチャーキッズ　*109*
　71　ショップ　*110*

キャンプイベント

キャンプにチャレンジ！　*112*

ステップ１：目的を明確にする〜なぜ、キャンプをするの？
ステップ２：キャンプの準備・企画
ステップ３：キャンプの実際・フォローアップ
キャンプを行う上での３つの注意点
Let's チャレンジ！

　72　水かけ　*122*
　73　フルーツ狩り　*123*
　74　宝探し　*124*
　75　スキット大会　*125*
　76　キャンプファイヤー　*125*
　77　Ｔシャツ　*126*

本文イラスト・錬人（ねりんちゅう）
http://nari-if.sblo.jp/

収穫のための種まきを

●次世代への伝道は、日本のリバイバルへの種まき

　私たちのみどり野キリスト教会には、「みどり野家」というファミリーがあります。家族構成は、牧師、伝道師、献身者、チャーチスクール（教会付属の学校）の生徒、それから家庭の事情で教会が預かっている子どもたちです。全部で30名ほどが１つのファミリーとなって生活を共にしています。若者が30人近くも集まると、それはもういろいろなことがあります。楽しいこともたくさんありますが、大変なことも多々あります。

　課題の一つが食べ物です。お米の減り方が並ではありません。10キロのお米が数日でなくなってしまいます。私は教会の外で奉仕する時はいつも、「お米を送ってください」とアピールします。そうすると、本当にお米を送ってくださる方がいらっしゃいます。これまでにどれほどのお米が届いたかわかりません（送ってくださった方がたに感謝します）。

　そんな中で私たちは、お米だけでも自給しようと決めました。２反半の田んぼを借りて、田植えをしました。生まれて初めての体験でしたが、とてもよい経験になりました。順調にいけば、今年の秋には約500キロのお米を収穫できます。自分たちで汗を流して植えた稲からお米が取れるのです。秋には新米を食べることができる、どんな味のお米だろうと、ワクワクしています。

　収穫を願うのであれば、まず種をまかなければなりません。種まきをしなければ、どんなに収穫を願ったとしても、刈り取るこ

とはできません。種をまいた人だけに、収穫の権利があるのです。ですから、大切なことはまず「種をまくこと」です。多くまく者には多くの収穫のチャンスがあり、少ししかまかない者は少ししか収穫のチャンスがなく、種をまかない者には収穫のチャンスはない——シンプルですが、大切な真理です。収穫のための原則です。

　お友だちの救いを願うならば、まず「福音の種まき」が必要です。福音の種をまかずして、魂の収穫はありえません。リバイバルを願うのであれば、そのための準備が必要です。次世代への宣教は、まさに日本のリバイバルへの種まきです。幼い子どもたちや若者（ユース）に福音の種をまくなら、必ず実を結び、収穫の時がやってきます。次世代にリバイバルが起こるならば、時の流れとともにすべての世代にリバイバルが起こるのです。

　大人になってから信仰をもった人に、「小さい時に教会に行ったことがありますか」と質問すると、ほとんどの人が「ある」と答えます。私はそのような答えを聞くたびに、子どもたちやユースへのミニストリーは重要なもので、リバイバルに直結していると思うのです。次世代に福音の種まきをしましょう。今すぐに実を結ばなくてもよいのです。続けて来てくれなくても、1回だけでもよいのです。福音の種をまいておきましょう。お友だちのためのイベントを企画してください。そして福音を伝えましょう。教会はよいところだという印象を与えるだけでもよいのです。

　JFキッズ（JESUS FAMILY KIDS　みどり野キリスト教会の教会学校）では、毎週のように学校の前でチラシを配りますが、子どもたちの多くはチラシを受け取りません。「もらってはいけない」と親が言い聞かせているからです。そんな中でも、時々チラシを受け取ってくれる子がいます。たいていそのような子の親は、ク

リスチャンではなくても小さい時に教会学校に行ったことがあり、教会に対して偏見をもっていません。教会に対して理解があり、協力してくださる方もいます。

　次世代への伝道が困難になり、行われなくなってきています。「意味がない」と言う人もいます。とても悲しいことです。次世代への伝道は種まきです。多くの種をまくならば、必ず収穫があります。次の世代のすべての子どもたちとユースが、１度でもいいから教会に来てほしいのです。彼らに福音に触れるチャンスを届けましょう。チャレンジしましょう。みなさんの地域に住むお友だちへの宣教は、みなさんの責任です。できることからトライしてみましょう。

●韓国のリバイバルに学ぶ

　次世代へのミニストリーが全世代のリバイバルにつながっている事実を、韓国のリバイバルから紹介します。

　韓国では、1970年代に国を動かすほどの大きなリバイバルが起こりました。現在、約20％の国民、つまり５人に１人がイエス様を信じていると言われています。国の大統領（現在は李 明博大統

領）も熱心なクリスチャンです。日曜日にはスポーツの行事がありません。日曜日にスポーツ大会があったら、礼拝に出席できなくなるからです。日本では、約1億3,000万人の人口に対して約8,000の教会があります。韓国では、約5,000万人の人口に対して約50,000の教会があります。町の至るところに十字架が見えます。本当にすばらしい国です。

　なぜ韓国にリバイバルが起こったのでしょうか。多くの理由があると思います。熱い祈り、聖霊の力強い働き、殉教等……ほかにも多くの重要な理由を挙げることができるでしょう。その中でも、次世代への伝道が大きな要因であったことをご存じでしょうか。韓国が迎えたリバイバルの前には、まず幼いお友だちのリバイバルがあったのです。

　1970年代の大リバイバルの10年から20年ほど前に、お友だちに積極的に福音が伝えられ、お友だちのリバイバルが起こりました。ですから、1970年代のリバイバルは、その前にすでに起こっていたリバイバルを通して救われたお友だちが、時を経て大人になり、彼らによって国全体にリバイバルの火がつけられたのです。リバイバルの発火点は、お友だち伝道にありました。ここから学べるのは、次世代への伝道が国全体のリバイバルと直結しているということです。次世代をかちとることができるならば、必然的に全世代にリバイバルがやってきます。この事実を見落としてはなりません。次世代は、次の時代に影響を与える存在なのです。よい種である福音をまくなら、必ず明るい未来がやってきます。

　お友だち・ユースへの伝道の効果は量り知れません。少し先に目を向け、やがて来るリバイバルのために立ち上がりましょう。次世代に福音を伝えるために、積極的に外に出ていきましょう。

●外に出ていく

　ある人が池で釣りをしていました。1時間たっても、3時間たっても、丸1日たってもとうとう魚は釣れませんでした。それでもあきらめずに釣りを続け、1週間がたちました。しかし、1匹も釣れませんでした。それからしばらくして、その池にはもともと魚がいなかったことがわかりました。世界的に有名な釣り名人であっても、魚がいないところで魚を釣ることはできません。魚がいる場所に出かけていかなくてはなりません。

　伝道も同様です。まだイエス様を信じていない人々は、教会の外にいます。ですから私たちは、教会の外に出ていく必要があるのです。日本では、99％以上の人がノンクリスチャンです。教会の外に一歩出るならば、救いに導かなければならない人々が大勢います。教会にお友だちやユースがいなかったとしても、教会の外にはイエス様を信じていないお友だちやユースがたくさんいるのです。ですから、私たちは外に出ていって彼らと出会い、福音を伝えるきっかけをつくる必要があります。教会の中だけではなく、外へ視点を向けるのです。公園ではお友だちが遊んでいます。学校にはたくさんの生徒がいます。駅の周辺には大勢の若者が行き交っています。福音を伝えるべき人たちがいるところに出ていきましょう。

　　「信じたことのない方を、どうして呼び求めることができるでしょう。聞いたことのない方を、どうして信じることができるでしょう。宣べ伝える人がなくて、どうして聞くことができるでしょう。遣わされなくては、どうして宣べ伝えることができるでしょう。」　　　　　（ローマ10:14-15）

新しい人が教会に来ないならば、私たちが外に出ていく必要があります。積極的にチャレンジしましょう。これまでに「外に出ていく」という考え方や行動をとっていなかったのなら、今までの考え方と伝道の方法に変化が必要です。長年同じことをしていると、「なぜそれをしているのか」という目的を理解せずに、「伝統だから」「決まっていることだから」という理由だけで動いてしまうことがあります。「なぜそれをするのか」「目的は何か」を考えることが大切です。そして、時には考え方を変えて、新しいよい方法があるならば、それを取り入れて実際に取り組んでいくのです。

　JFキッズでは、毎週公園に出かけます。公園にいる子どもたちと遊んで友だちになり、福音を伝えます。また、学校の近くでイベントのチラシを配っています。ですから、毎回新しいお友だちが教会にやってきます。

　教会のユースも同じように、ストリート伝道に行きます。駅の近くでバンドやゴスペルやダンスをしています。すると、興味をもった人が足を止めてくれるので、その時に声をかけて、よい関係をつくるように心がけています。メールアドレスを交換するなどして、友だちになれるように努力しています。ストリート伝道を始めてから、そこで出会った若者が教会に来るようになりました。外に出ていかなければ、決して出会えなかった人たちです。

　視点と発想の転換が必要です。ノンクリスチャンは教会の外にいます。積極的に外に出ていくならば、イエス様を知らない人たちに出会えるのです。

●あきらめない、失敗や傷つくことを恐れない

　1つ質問です。人は、何回失敗したらあきらめると思いますか。このことについてデータを集めた人がいるそうです。人間は何回失敗したら、あきらめてしまうのか。答えは、なんと1回だそうです。もしくは1回以下です。ほとんどの人が1回失敗したらあきらめてしまう。さらに驚くべきは、失敗を恐れて挑戦することさえしないというのです。私たちはどうでしょうか。1回やってうまくいかないと、すぐにあきらめてしまわないでしょうか。もしくは、チャレンジすることすらあきらめていないでしょうか。伝道するには厳しい時代を迎えています。なかなか思いどおりにいきません。お友だちやユースが教会に来ません。来ても、なかなか続きません。スタッフの一致がなかったり、教会からの協力やサポートがなかったりする場合もあるでしょう。

　次世代に宣教し、彼らに仕えることは、簡単な働きではありません。骨の折れることで、犠牲が伴います。傷つくこともあります。そうやすやすと成功はしません。みんな必死に戦っています。時には、涙を流すこともあるでしょう。それでも、勇気を出しましょう。元気を出してください。簡単にあきらめないでください。

傷つくことを恐れるのはやめましょう。私たちの主イエスは、鞭打たれ、ばかにされ、裸にされ、十字架にかけられたのですから。

　復活の主が私たちと共にいてくださいます。そして、次世代に仕えることは、主がお喜びになる尊い奉仕であることも忘れてはなりません（マルコ10:14）。次世代に福音を伝えることは、とても大切で価値のあることです。

　プライド（誇り）をもちましょう。引け目を感じる必要はありません。下手に出る必要もありません。私たちは、永遠に価値のあるメッセージを届けているのです。世界でいちばんのビッグニュースを届けているのです。ですから、決してあきらめず、逃げ出さずに、できることから一歩ずつチャレンジしていきましょう。

●閉塞感を吹き飛ばせ

　2008年秋のリーマンショック以降、世界は「100年に1度」と言われる不況に陥りました。問題は経済の不況ばかりではなく、あらゆる面で危機の時代を迎えています。そんな中で、多くの教会が閉塞感に苦しんでいるのではないでしょうか。2009年9月に行われた日本伝道会議のテーマは、「危機の時代における宣教協力」でした。私は、その中で分科会の1つを担当させていただきまし

たが、与えられたテーマは「危機感なんて吹き飛ばせ」でした。確かに今、日本の宣教と教会の現状は、危機的な状況に置かれているかもしれません。けれども、このような現状の中でも声を大にして言いたいのは、「次世代に仕えるなら、決して閉塞感などには陥らない」ということです。いや、そんなものに陥るひまなどないと言ったほうが正しいかもしれません。

お友だちに宣教し、彼らを主の弟子へと育て上げることに、教会が目覚め、献身し、犠牲を払うなら、お友だちやユースが教会に集まるようになります。お友だちやユースが教会に集うなら、その教会は活気にあふれ、元気で活動的な、将来に希望がもてる教会となります。問題が起こり、うまくいかないことがあったとしても、下を向いて落ち込んでいるひまはありません。命の続くかぎり、彼らのために仕える使命があるからです。

もし、毎年3人の小学生を中学生クラスに送り、彼らを主の弟子として育てていくなら、5年で15人の中高生グループができます。主の弟子として訓練されたユースが15人もいるなら、その教会は大きな力を手にすることになります。彼らが献身し、用いられるならば、教会にとって大きな力となるのです。もし3人のお友だちを育てる働きを10年続けるなら、30人以上のユースグループに成長します。実際には、弟子として訓練されたユースがほかの若者を導くようになるので、50人以上のユースに成長しているはずです。

今から12年前、私がみどり野キリスト教会のユースパスターになった最初の年、ユースのメンバーは4、5人でした。その当時は、特にお友だちへの伝道に時間をかけ、彼らを育てることに専念していました。その中で、たくさんのお友だちと出会いました。それらのお友だちが成長して、今ではユースのリーダーになって

います。現在では、彼らも含めて70〜80人が集まるグループになりました。そして、彼らが教会の多くのミニストリーを担っています。彼らの存在なしに、今の働きを継続していくことはできません。

　次世代への宣教と牧会は、教会の閉塞感を吹き飛ばし、危機感を打開するものだと確信しています。教会が次世代に献身するなら、多くのかけがえのない財産を手にすることになるのです。矢筒を若い矢で満たしていきましょう。

●ユースミニストリー

　JFユース（JESUS FAMILY YOUTH　みどり野キリスト教会の中学生〜社会人の集まり）では、毎週日曜日の午後に「ユースゴスペルライブ」というユース向けの礼拝を行っています。数年前までは、ノンクリスチャンがユースの礼拝に出席するのは時々あるぐらいでした。ほとんどが、いつものメンバーが集まってささげる礼拝でした。いつものメンバーで礼拝をささげることも恵みであり、感謝なのですが、メンバーに変化がなかったので、だんだんと雰囲気が暗くなり、元気がなくなり、マンネリ化していきました。リーダーたちを励まして盛り上げていこうとしても、なかなか打開できませんでした。

けれども一昨年に、私たちに新しいビジョンが与えられ、使命を明確に意識した時から、礼拝が変わり始めました。「使徒の働き」に記されているように、毎日人々が救われる教会になりたいというチャレンジが与えられたのです。
　最初の一歩として、まだ信仰をもっていないユースが毎週の礼拝に来るようにと祈り始めました。それからしばらくして、礼拝にノンクリスチャンが来るようなり、今ではほぼ毎週、ノンクリスチャンが礼拝に参加しています。そして、イエス様を信じるユースが起こされ始めています。毎回の礼拝にノンクリスチャンが１人いるだけで、礼拝の雰囲気も奉仕者の意気込みも変わり、何よりも牧師の姿勢が変わります。大きなチャレンジが与えられるのです。ある日のユースの礼拝では、前の月に信仰に導かれたユースが自分の兄弟を連れてきました。教会が動き始めています。後ろを振り返っているひまはありません。次のステップは、毎週の礼拝でユースが信仰に導かれるようになることです。
　ＪＦキッズにも、毎週のように新しいお友だちがやってきます。伝道のチャンスです。１回１回を真剣勝負としてとらえ、お友だちに伝道し、彼らを育てていく働きに取り組んでいます。

●「キッズハウス」にチャレンジ！

　「キッズハウス」というのは、わかりやすく言えば、家庭集会のキッズバージョンで、信徒の方の家を利用して行う子どものための集会です。教会員の家庭を週に１度開放していただき、その近隣に住んでいるお友だちに伝道と牧会をしています。
　キッズハウスのメリットは、地理的に教会から遠いところにいる子どもたちに伝道できることです。キッズハウスに来れば、そこで福音を聞き、育つことができます。送迎の車があれば、キッ

ズハウスに来ているお友だちが教会の礼拝に出席することもできます。お友だちが自分で教会に通える範囲は半径1、2キロぐらいでしょう。大人ならば多少遠くても自分一人で教会に通えますが、お友だちが遠くから一人で通うことはできません。そこで有効なのがキッズハウスの働きなのです。教会が届くことができない地域の子どもたちに福音を届けられます。

　キッズハウスは、基本的には家のリビングを利用して行っています。教会でゲームをする時のように走り回ることはできませんが、工夫次第で楽しく親しい交わりをもつことができます。ぜひチャレンジしてみてください。(76ページから、キッズハウスでお勧めのゲームを紹介しています。)

● **イベントにチャレンジ！**

　イベントをしましょう。イベントのよいところは、効果的に案内をするなら、新しいお友だちが集まってくることです。JFキッズでも、毎週イベントをしています。ですから、毎週新しいお友だちがやってきます。年に2回、「キッズまつり」という1週間毎日開催するスペシャルイベントも行っています。この週には、300

人から、多い時には400人近くのお友だちが集まります。イベントは準備が大変ですし、お金もかかります。でも、新しいお友だちとの出会いがあります。ぜひトライしてみてください。

「イベントはあまり効果的ではない」と言う人がいるかもしれません。お友だちが来るのはその時だけで次の週には来ない、だから意味がないという考えです。確かに、次の週も続けてくるお友だちの数は多くはないかもしれません。JFキッズでも、「キッズまつり」に集まった300人のお友だちが次週も続けて来るわけではありません。ほとんどのお友だちは1度限りしか来ません。これは意味がないことなのでしょうか。私はそうは思いません。先にも述べましたが、お友だち伝道は種まきです。1度でもいいから教会に来てほしいのです。福音の種をまきたいのです。ですから、イベントには大きな意味があります。それに、イベントから教会につながるお友だちは必ずいます。

●イベントのためのアドバイス
・目的を明確に

イベントをする目的は何でしょうか。まず、ここをしっかりと理解しておく必要があります。理解を間違うと、大きな混乱を招くおそれがあるからです。イベントの目的は、1回も教会に来たことがないお友だち、福音に触れたことがない人たちに、教会を紹介し、実際に来てもらうことです。また、福音の種をまくことです。別の言い方をするなら、初めて出会う人と友だちになり、福音を伝えるきっかけをつくることです。

現代では多くの人が、宗教に対して、福音に対して心を閉ざし、偏見をもっています。そのような人々と友だちになり、よい人間関係をつくり、偏見という心の壁を取り除いていくことが日本の

宣教では必要だと思います。ですから、イベントの対象はクリスチャンではなく、一度も福音に触れたことのない人たちです。教会に対して理解のない人たちに、「教会はよいところですよ。あやしいところではありませんよ」と、イベントを通して伝えたいのです。ですから、イベントでは、ノンクリスチャンを強く意識したプログラムを提供すべきです。残念ながら、ノンクリスチャンが対象と謳っている集会の内容がクリスチャン向けになっている場合が少なくありません。

　イベントの対象は、ノンクリスチャンです。いわゆる「教会用語」ではなくノンクリスチャンが理解できることばを使い、彼らにとって居心地のよい環境、違和感を感じない場所を提供すべきなのです。初めて会った人と友だちになるには、第一印象が大切です。第一印象が悪ければ、その人と友だちになりたいとは思わないでしょう。第一印象がよければ、よい友人になる可能性が高くなります。イベントは、ノンクリスチャンが教会、そして神と初めて出会う機会なのですから、教会の第一印象がよいものとなるために努力と工夫をするべきです。

　１回のイベントに盛り込めるプログラムは限られているので、クリスチャンも満足できるようなプログラムも取り入れることは難しいかもしれません。しかし、対象はあくまでもノンクリスチャンなのですから、彼らが満足し、教会によい印象をもち、また教会に足を運びたくなるようなプログラムを用意しましょう。このことに関して正しい理解と見極めが必要です。今一度、自分たちのイベントの内容をチェックしてみましょう。

・効果的な宣伝を
　私たちも試行錯誤を繰り返してきたのですが、日本の教会は

「宣伝」があまり得意ではありません。私は時々、他教会のイベントで奉仕をさせていただきますが、実際にこんなことがありました。その教会では、チラシを数百枚配ったので、かなりの人数のお友だちがイベントに来ることを期待していました。しかし、ふたを開けてみると、数人のお友だちしか来ませんでした。その話を聞いた時に、そんなにたくさんのチラシを配って、お友だちが数人しか来ないとはおかしいなと思ったのですが、配られたチラシを見た時に、なるほどと思いました。お友だちが数人しか来なかった原因は、そのチラシにあったのです。どんなチラシで宣伝するかはとても重要です。お友だちに配るチラシを、大人の感覚で作ってはいけません。

　別の教会では、私たちの教会がふだん使っているチラシをアレンジして子どもたちに配りました。その時は100人以上のお友だちが集まりました。あまり広い場所ではなかったので、集まった子どもたちで足の踏み場もないほどでした。

イベントをする時に、効果的な宣伝、魅力的なチラシはとても大切です。あまりに派手である必要はありませんが、子ども向けで、子どもたちが喜ぶチラシを作りましょう。そして、それを子どもたちに直接配るのがいちばん効果的です。お友だちの心を動かすことができたなら、成功です。

・楽しく、魅力的な企画を

　イベントの目的は、ノンクリスチャンのお友だちに参加してもらい、楽しく心地よい体験をしてもらうことです。ですから、その目的に沿ったプログラムを企画することが大切です。

　お友だちは、楽しくて、魅力的で、居心地のよいところが好きです。初めて来て、教会が気に入ったら、また来ます。すごく楽しければ、今度は自分の友だちを連れてやってきます。ですから、イベントのテーマは「ENJOY」です。いかに楽しい時と場所をつくり出すかが鍵なのです。私たちみどり野キリスト教会の目標は、ディズニーランドを超えることです。ディズニーランドは子どもたちにとって夢の島です。安いとは言えないチケット代を払ってでも、人々が押し寄せています。人気のアトラクションには１時間以上待つこともいといません。１年に何回も訪れるリピーターもたくさんいます。

　もし教会がディズニーランドを超えるプログラムを提供できたら、とんでもないことが起こるでしょう。ディズニーランドを超える規模の場所やアトラクションを提供するのは難しくても、魅力あふれる、楽しいものを提供すれば、たくさんのお友だちが教会に押し寄せてくるでしょう。

　２年ほど前に、私たちの教会に念願のキャンプ場（長野県の聖山高原チャペル）が与えられました。私たちはこの場所を次世代

のためにささげました。私の願いは、この場所が次世代の楽園（パラダイス）になることです。キャンプ場には体育館やグラウンドやアスレチックがあり、自然も豊かです。でも、もっと子どもたちが楽しめるものを取り入れていきたいと思っています。ウォータースライダーつきのプールや、ユースが熱くライブできる場所など、最高に楽しめるものを提供していきたいのです。

　人々は楽しいところに集まってきます。居心地のよいところに定着します。楽しくて、魅力的な企画を準備しましょう。そのために、よい情報を集めましょう。謙遜な心で、他の教会が成功した話を聞いたら、その情報をゲットしましょう。テレビ番組の中にもアイデアはたくさんあります。私たちの身の周りには多くのソース（情報源）があります。私は、他の教会のウェブサイトを時々見ますが、その中にもよいアイデアがあります。１人のお友だちの救いのために、貪欲に情報を集めましょう。そしてよい計画を立てて、実行しましょう。

・お金をかける

　「子どもの集会だから、あまりお金をかけなくても……。」これは間違った発想です。ぜいたくする必要はありませんが、質の高いイベントを提供するにはある程度の予算が必要です。どれだけお金をかけるかによって、その働きに対する本気度がわかります。これは投資なのです。しかも最良の先行投資です。投資しなければ、多くの収穫はありえません。無駄なお金は使わずに、必要なところには大胆に使いましょう。お金は貯めるためにあるのではなく、有効活用するためにあります。いちばん有効なことを見極めて用いましょう。もちろん大人のためのイベントも大切ですが、次世代のための積極的な投資も必要ではないでしょうか。「子ども

だまし」をせずに、思い切ってお金をかけましょう。質のよいものを提供するならば、子どもたちはどんどん吸収し、成長していきます。

・次につなげるための最善の努力を

　イベントの企画にあたっては、次につながる企画を立てることが大切です。文字どおりただのイベント（その場だけの出来事）で終わってしまわないように、一人でも多くのお友だちが教会につながるように、企業努力ならぬ「教会努力」が必要です。いちばんの理想は、毎週イベントを行うことです。毎週イベントができれば、「次の週は、○○をします。続けて来てください」と案内しやすくなります。

　毎週のイベントはなかなか難しいかもしれませんが、次回につながるような案内をしましょう。一案として、次週に大きなイベントができなくても、ささやかでもいいので何か目玉になる企画（例：賞品が当たる抽選会など）を用意して案内すると、お友だちが教会につながりやすくなります。「5回来たらプレゼントをもらえる」といったスタンプカードを渡すのも効果的です。

　JFキッズでは、初めて来たお友だちは、「お菓子のつかみ取り」ができます。教会に来るのが初めてから3回めまでのお友だちは、プログラムの最後に、お菓子が入った箱から、手でつかんだ分のお菓子をもらえるのです。初めて来た子どもたちをVIP待遇しましょう。「今日来てくれて、本当にうれしい」という思いを伝えるのです。私たちは、初めて来た子だけではなくて、そのお友だちを連れてきた子も「お菓子のつかみ取り」ができるようにしています。新しいお友だちを連れてきた子を励まし、ほめてあげることが大切です。みんなの見ている前で、初めて来たお友だちだけで

なく、誘って連れてきた子も同じように大歓迎します。うまく盛り上げると、ほかの子たちも自分の友だちを連れてくるようになります。

・イベントには親がついてくる

　イベントのよい点は、新しいお友だちが来るだけではなく、子どもの親も一緒についてくることです。私たちの教会では、多い時は20人ぐらい、少ない時でも10人前後の親が来ます。中には警戒心をあらわにして来る人もいますが、イベントに参加したいという子どもの思いにこたえてついてくる親がほとんどです。短い時間なので、その時に心を開くことはあまりありませんが、それでも、その人にとっては、初めて教会にかかわり、福音に触れる機会になります。ですから、イベントはお友だちのためではありますが、ついてくる親への伝道の機会にもなるのです。親は警戒心をもっていますが、イベントでよい印象を与え、教会への理解が得られるならば、お友だちが続けて教会に来ることを許可してくれます。また、お友だちへのイベントをきっかけにして教会に導かれ、信仰をもった親も実際に起こされています。お友だち伝道は、家族伝道にもつながっているのです。

昨年、とても感動的な洗礼式がありました。高校生Ａさんのお母さんの洗礼式です。Ａさんは小学校１年生の時に教会に来るようになり、キャンプで信仰に導かれ、ほとんど教会を休むことなく、忠実に神様に仕えてきました。今はキッズのスタッフをしています。信仰をもった時から家族の救いのために祈り、家族に対して懸命にあかしをしてきました。祈り始めてから何年もたちました。そして、とうとうその祈りが実を結び、お母さんが信仰に導かれたのです。洗礼式はいつも感動するものですが、私にとっては格別に大きな感動と涙の洗礼式でした。約10年間にわたる祈りとあかしの結晶だったからです。ハレルヤ。お友だち伝道の祝福の一つは、お友だちの家族が導かれることです。

●毎週イベントを

　毎週イベントをするなんて難しい——それはよくわかります。でも、あえて言いたいのです。次世代のためにできるかぎりの犠牲を払っていきましょう。種をまきましょう。

　イベントができるのは１年に１度という教会もあるでしょう。そのイベントを大切にして、教会を挙げて盛り上げてください。そして、１年に１回が２回になるように祈りましょう。具体的な目標をもつことが大切です。１年に２回行っているなら、２回が３回になるように、３回が４回になるようにチャレンジするのです。そのような一歩一歩の積み重ねによって、やがて月に１回行えるようになり、それが毎週になることを願っています。

　イベントには手間ひまがかかり、人材も必要です。若い人を用いて、育てましょう。そうすれば彼らはどんどん成長していきます。若者たちはエネルギーを持て余しています。その若い力を主のために、宣教のために用いることができるように、主に仕える

チャンスを与えましょう。

●最重要ミニストリー

　最後に、重ねてお伝えしたいのは、次世代へのミニストリーは最重要課題だということです。人生において大切なのは、一流大学や一流企業に入ることなどではなく、天国に入ること——親や周りの大人や教会が、次の世代に伝えるべきいちばん大切なメッセージは、この「天国に行く」ということです。さらに積極的に言うならば、この世に宝を積むのではなく、天に宝を積むことの重要性をあかしし、伝えることです。

　自分が築き上げた財産を次の世代に残せるのはすばらしいことです。永遠に残る財産とは福音であり、天国への切符です。若い日に創造者を覚えさせることです（伝道者の書12:1）。これが、私たちにとっていちばん大切な使命であり、最重要のミニストリーなのです。私たちが天国に行ったとしても、もし次の世代がそこにいなかったら、これほど悲しいことはないと思います。

- 次世代への働きは、最も意味のある働きです。
- 次世代への犠牲は、最も価値のある投資です。
- 次世代への伝道は、日本のリバイバルへの道です。
- 次世代が訓練され、成長するならば、すばらしいことが起こります。
- 次世代が動きだすならば、想像を超える大きな力となります。
- 次世代は、私たちにとってかけがえのない宝です。

　次世代をかちとるなら、必ずリバイバルがやってきます。今、私たちが見るべきところは、次の世代です。彼らにフォーカスを

当て、彼らのために犠牲を払い、献身すべきです。教会がそのように目を覚まし、立ち上がらなければなりません。次の世代をリードするための人材を確保し、育てましょう。次世代の獲得と育成に成功するなら、次の世代はさらに大きな祝福を受けます。もし教会が次世代への宣教と彼らの育成に失敗するなら、もっと厳しい時代を迎えることになるでしょう。

　それは本当に大きな犠牲が伴う、大変な働きです。全身全霊で取り組まなければなりません。しかし、次世代にかかわり、彼らを育てることにはそれだけの意味と価値があります。喜んで、希望をもちながら、犠牲を払いましょう。大きな収穫を夢みて、彼らに仕えていきましょう。

　日本のお友だちとユースに仕えていらっしゃる方がたに、神様からの祝福と、豊かな収穫を心からお祈りしています。

キッズゲーム

幼児から小学生のお友だち向きのゲーム。
体を思いっきり動かして遊ぶゲームが盛りだくさん！

1 **ピンを守れ**

ドッジボールのアレンジ。

◆**人数** 1チーム5人以上（4チーム対抗）　◆**対象**　小学生〜

◆**用意するもの**　ボール（キャンディーボールのような当たってもあまり痛くないもの）、おもちゃのボーリングのピン、ビニールテープ

◆**進め方**

①ビニールテープで、4面のコートを作る（8メートル四方の四角に線を引き、「田」の形に）。1面が各チームの陣地となる。

②各チームの陣地内にビニールテープでピンを立てるしるしをつけ、その上にボーリングのピンを1本立てる。

③各チームの代表者がジャンケンをして、勝ったチームが初めにボールを持つ。自分のチームのピンが倒れないようにメンバーで協力して守りながら、相手チームのメンバーとピンにボールを当てる。ボールに当たった人はコートの外に出て、座る。ピンが倒れた時点で、そのチームは負け。

④ただし、チームでキャプテンを1人決め、このキャプテンは、何度ボールに当たってもアウトにならない。キャプテンは、ピンの前に座ってもよいし、ラインギリギリにいて相手の攻撃を防ぐ壁になってもよい。けれども司会者が、「今からキャプテンもアウトになる」と言ったあとに当てられたら、アウトになる。

⑤最後までピンが立っていたチームが勝ち。

◆ポイント
・何度当たってもアウトにならないキャプテンは、ドッジボールが得意な人を選ぶとよい。

② 「牛さん、起きて！」

オニを「牛」にしたオニごっこのアレンジ。
◆**人数** 何人でも（個人戦）　◆**対象** 幼児〜
◆**用意するもの** 牛の着ぐるみ（他のキャラクターでもよい）
◆**進め方**
①スタッフが着ぐるみを着て、「牛さん」（オニ）になる。牛さん

はお友だちに背を向けて、横になって寝ころぶ。お友だちは、牛さんの後ろに1列に並ぶ。
②お友だちが1人ずつ順番に、「牛さん、起きて！」と言って牛さんを揺さぶる。言い終わった子は、列の後ろに並び直す。
③牛さんは突然起き上がり、その瞬間からオニごっこのスタート。牛さんにタッチされたお友だちはアウト。
④オニごっこは、10秒をカウントして1回のターンを終える。②〜③を繰り返して、最後まで逃げ切ったお友だちが勝ち。

◆ポイント
・牛さん役のスタッフが起きるふりをしてフェイントをかけると、お友だちがおもしろがる。

③ 突き破れ！新聞リレー

◆**人数** 1チーム4人以上（チーム対抗） ◆**対象** 幼児〜
◆**用意するもの** 新聞紙（たくさん）、ビニールテープ
◆**進め方**
①ビニールテープで、スタートと折返のラインを引く。コースの2地点にスタッフが新聞紙を持って立つ（図参照）。各チームが二手に分かれて、スタートラインと折返ラインに1列に並ぶ。
②「スタート！」の合図で、先頭のお友だちが走り、2か所の新聞紙を突き破って、折返ラインにいるお友だちにタッチして交替する。スタッフは、破れた新聞紙を新しい新聞紙に替える。
③2人めの走者も2か所の新聞紙を突き破って、スタートラインまで走る。チーム全員が同じように走り、いちばん早くゴールしたチームが勝ち。

◆**ポイント**
・思いっきり新聞を突き破るのが楽しい。

4 障害物ブロック積みリレー

◆**人数** 1チーム4人以上（チーム対抗） ◆**対象** 幼児～

◆**用意するもの**

ブロック（各チームに9個）

毛布（スタッフが2人で両端を押さえて、図の①のように障害物になる）

ゴムひも（スタッフが2人で両端を持って、図の③のように障害物になる）

ビニールテープ

◆**進め方**

①ビニールテープでスタートラインを引く。8つのブロックを各チームのスタート地点に置き、1つのブロックを障害物の先に置く。障害物は、「毛布をくぐる」「スタッフの邪魔をかわす」「ゴムひもを飛び越える」の3つ。

②チームごとに1列になってスタートラインに並ぶ。「スタート！」の合図で、先頭のお友だちがブロックを1つ持って走り、①の3つの障害物をクリアして、障害物の先にあるブロックの上に積む。積んだら戻り、次の人に交替。

③全部のブロックを早く積んだチームが勝ち。

◆ポイント
・お友だちを邪魔するスタッフは、何かのキャラクターの扮装をすると楽しい。
・ブロックが崩れたら、崩した人が直す。丁寧に積むほうが早く終われる。

5　トイレットペーパー積みリレー

◆**人数**　1チーム4人以上（チーム対抗）　◆**対象**　幼児～
◆**用意するもの**　トイレットペーパー（各チームに12ロール）、ビニールテープ

◆**進め方**

① ビニールテープでスタートラインを引く。トイレットペーパー11ロールをスタート地点に置き、5メートルくらい離れたところに1ロール置いておく。

② チームごとに1列になってスタートラインに並ぶ。「スタート！」の合図で、先頭のお友だちがトイレットペーパーを1つ持って走り、離れたところにある1ロールの上に積む。積んだら戻り、次の人に交替。

③ 全部のトイレットペーパーを早く積み終わったチームが勝ち。

◆**ポイント**

・トイレットペーパーが倒れたら、チーム全員で積み直してよい。積むと結構高くなり、不安定になるのがおもしろい。

⑥ 何でも積みリレー

◆**人数** 1チーム4人以上（チーム対抗） ◆**対象** 幼児〜
◆**用意するもの** ぬいぐるみ・ブロック・おもちゃのほか積めそうなものは何でも、ビニールテープ

◆**進め方**
① ビニールテープでスタートラインを引く。そこから離れたところに、上記の用意したものを山盛りに積む。
② チームごとに1列になってスタートラインに並ぶ。「スタート！」の合図で、先頭のお友だちが走り、①の物から1つを選んで取ってくる。取ってきた物をスタート地点に置いて次の人と交替。次の人は、取ってきた物をスタート地点に置いてある物の上に積む。各チームにスタッフが1人つき、積み上げた物を手や足で支えることができる。
③「終わり！」の合図で、いちばん高く積み上げたチームが勝ち。

◆**ポイント**
・高さ勝負なので、
　メジャーで計っても盛り上がる。

7 ピン倒し

- ◆**人数** 1チーム5人以上（2チーム対抗） ◆**対象** 幼児～
- ◆**用意するもの** おもちゃのボーリングのピン（9個以上の奇数。ペットボトルでも可）、カラーボール（たくさん）、ビニールテープ

◆**進め方**

① 2チームが向かい合うように、各陣地の境界線をビニールテープで引く。その真ん中にも線を引き、線上にボーリングのピンを立てる。それぞれの陣地内にカラーボールを転がしておく。

②「スタート！」の合図で、陣地のボールを、それぞれの境界線から中央のピンに向かって投げる。うまく当てて、ピンを転がしながら相手チームの陣地に入れる。陣地外に転がったボールは、スタッフが拾って陣地に戻す。

③「終わり！」の合図で終了。相手の陣地に多くピンを入れ、自分の陣地にピンが少ないチームが勝ち。

◆**ポイント**

・カラーボールにまぜて大きいボールを幾つか入れたり、大きめのボールをピンの代わりにしてもおもしろい。

⑧ ブロック引き競争

◆**人数** 2人以上（個人戦）　◆**対象** 小学生～

◆**用意するもの**　約30×15センチに切った段ボール紙に長いすずらんテープをつけたもの（人数分）、ブロック（8～10個を人数分）、ビニールテープ

◆**進め方**

①ビニールテープでスタートラインを引く。そこから離れたところにすずらんテープをつけた段ボール紙を置く。スタート地点には、1人につきブロックを8（～10）個置く。

41

②「スタート!」の合図で、8個のブロックを全部持って走り、ダンボール紙の上にブロックを積み上げる。

③ブロックを積んだら、すずらんテープの端だけを持ってスタート地点に戻る。スタート地点から、積んだブロックを倒さないように、すずらんテープを引いて段ボール紙をたぐり寄せる。

④途中でブロックが倒れたら、倒れた場所に行って積み直し、スタート地点に戻ってテープを引く。

⑤スタート地点まで早くたぐり寄せた人が勝ち。

◆ポイント

・テープを引く力加減が、勝敗の決め手。

⑨　ウエートレス リレー

◆**人数**　1チーム4人以上（チーム対抗）　　◆**対象**　小学生〜
◆**用意するもの**　おままごとで使うおもちゃの食べ物、食べ物を描いたお題の絵・お皿（それぞれチーム分）、ビニールテープ
◆**進め方**
①ビニールテープでスタートラインを引く。スタート地点に皿を置き、5メートルほど離れたところにおもちゃの食べ物を置く。
②チームごとに1列になってスタートラインに並ぶ。先頭のお友だちにお題の絵を渡す。「スタート！」の合図で走り、お題の食べ物を1つ取ってくる。取ってきたものをお皿に載せたら、次の人にお題の絵を渡して交替。
③お題の絵と同じメニューに早く仕上げたチームが勝ち。
◆**ポイント**
・エプロンをバトン代わりに使ってもおもしろい。

10 カラーボール運びリレー

◆**人数** 1チーム4人以上(チーム対抗) ◆**対象** 小学生〜
◆**用意するもの** カラーボール(各チームに10個)、フェイスタオル・かご・カラーコーン(各チーム分。カラーコーンは100円ショップやスポーツ用品店で購入できる)

◆**進め方**

① ビニールテープでスタートラインを引く。各チームのスタート地点に、空のかご1つとカラーボールを10個置く。折返点に各チームのカラーコーンを置く。チームの中でペアになり、それぞれがタオルの端を持つ。

② 「スタート!」の合図で、タオルにボールを1つ載せて走る。折返点を回り、スタート地点に戻る。手を使わずにボールをかごに入れて、次のペアと交替。途中でボールを落としたら、次のペアと交替。

③ 「終わり!」の合図で終了。かごにボールを多く入れたチームが勝ち。

11　人間神経衰弱

◆**人数**　1チーム2人以上（チーム対抗）　◆**対象**　小学生〜
◆**用意するもの**　ペアになる2枚の同じ絵（スタッフの人数分）
◆**進め方**
①なるべく大勢のスタッフを集める。スタッフの背中に、他のもう1人のスタッフとペアになっている絵をはる。スタッフはお友だちの前に向かい合って立ち、横1列に並ぶ。
②各チームの代表がジャンケンして勝ったチーム順に、スタッフのだれとだれの絵がペアになっているかを言い当てる。正解したチームは1ポイント。当てられたペアのスタッフは抜ける。当てたチームは外れるまで答え、外れたら、次のチームに交替。
③すべてのペアが当てられた時点で、合計ポイントが高かったチームが勝ち。

◆**ポイント**
・スタッフが時々くるっと一回転してあげると盛り上がる。

12 キック&シュートゲーム

◆**人数** 1チーム5人以上（2チーム対抗） ◆**対象** 小学生〜
◆**用意するもの** 側面に丸い穴を開けた大きなダンボール箱（2つ）、カラーボール（たくさん）、ビニールテープ

◆**進め方**
①ビニールテープで線を引き、その内側にカラーボールを置く。線から2メートルぐらい離れたところに、各チームの段ボール箱を置く。
②「スタート！」の合図で、みなが自分のチームの段ボール箱の中に、カラーボールを蹴って入れる。線から出てはいけない。
③「終わり！」の合図で終了。段ボール箱にカラーボールを多く入れたチームが勝ち。

◆**ポイント**
・チームに力の差があるようなら、一方の段ボール箱を遠くに置き、ハンデをつけるとよい。

13 パスパスゲーム

◆**人数** 1チーム4人以上（チーム対抗） ◆**対象** 小学生～
◆**用意するもの** カラーボール（50個ぐらい）、かご（チーム分）、ビニールテープ

◆**進め方**
①ビニールテープで、40センチ四方ぐらいの線をチームの人数分引く。図のように右→左→右→左と交互に四角を作る。
②各四角の中に1人ずつ立つ。いちばん手前（右）の四角の中に立つ人のそばにカラーボールを置いておく。
③「スタート！」の合図で、いちばん手前（右）の人がボールを取り、次の人（左）にパスする。同様に左から右、右から左へとパスする。最後の人は、図のようにボールをかごに入れる。
④③を繰り返し、「終わり！」の合図で終了（制限時間は1分程度）。いちばん多くボールをかごに入れたチームが勝ち。

◆**ポイント**
・チームごとの記録で競ってもよいし、場所が広ければ全チームがいっせいに対戦してもよい。

14 突破せよ！

◆**人数** 何人でも（個人戦） ◆**対象** 小学生～

◆**進め方**

①10人くらいのスタッフが手をつないで部屋の中央に1列に並ぶ。

②「スタート！」の合図で、お友だちがいっせいにスタッフの列の間をすり抜ける。スタッフは手をしっかりつないで、お友だちの邪魔をする。

③司会者が定めた制限時間内（30秒ぐらい）に、スタッフの列の間を抜けることができればセーフ。抜けられなかったらアウト。

④②～③を繰り返して、残ったお友だちが勝ち。

◆**ポイント**

・通り抜ける時に、スタッフを蹴ったりしないように注意する。

15　陣地に入れ

◆**人数**　1チーム10人以上（2チーム対抗）　◆**対象**　小学生〜
◆**用意するもの**　ビニールテープ
◆**進め方**

①ビニールテープで、4メートル以上間を開けて2本のラインを引く。ラインの外側が各チームの陣地になる。

②体育座りをした足の下から手をクロスに出して、右手で左足を、左手で右足をつかむ。

③「スタート！」の合図で、②のポーズで相手チームの陣地に向かう。体をぶつけて相手を倒したりしながら進み、相手チームの陣地に入る。途中で倒されたり、バランスを崩して手が床についたりしたら、自分の陣地のラインに戻って進み直す。

④先に5人のお友だちが相手の陣地に入ったチームが勝ち。

◆**ポイント**

・チーム内で攻守を決めて作戦を立てるのもよい。守る人がいれば、相手は陣地に入りにくくなる。

16 対戦座り相撲

◆**人数** 1チーム10人以上（2チーム対抗） ◆**対象** 小学生〜
◆**用意するもの** カラーコーン（2つ）、ビニールテープ
◆**進め方**

①ビニールテープで、4メートル以上間を開けて2本のラインを引く。ラインの外側が各チームの陣地になる。ラインに沿って図のように半円をかき、その中にカラーコーンを1つ置く。

②全員が体育座りをした足の下から手をクロスに出して、右手で左足を、左手で右足をつかむ。

③「スタート！」の合図で、②のポーズで相手の陣地に向かう。体をぶつけて相手を倒したりしながら進み、相手チームのカラーコーンを取る（半円の中には入れない）。途中で倒されたり、手が床についたりしたら、自分の陣地に戻って進み直す。

④先に相手チームのカラーコーンを取ったチームが勝ち。

◆**ポイント**

・対戦前に、攻守の役を決める作戦タイムをとると盛り上がる。

17　動きドッジ

◆**人数**　1チーム6人以上（2チーム対抗）　◆**対象**　小学生〜
◆**用意するもの**　ゴムひも、ボール、ビニールテープ
◆**進め方**

①ビニールテープでドッジボールのコートのラインを引く。ただし、センターのラインは引かずに、2人のスタッフがゴムひもを持ってセンターラインを張る。

②基本的にはドッジボールのルールと同じ。外野に2人出て、内野の人にボールを当てたり、内野どうしで相手チームにボールを当てたりする。当たった人は外野に出て、内野の人にボールを当てる（当てたら再び内野に戻れるというルールでも、外野のままというルールでもよい）。

③司会者の「変更！」の合図で、ゴムひもを持ったスタッフがゆっくりと移動し、図のようにセンターラインを変える。それを何回か繰り返す（コートが何回か変形する）。

④「終わり！」の合図の時、内野の人数が多いチームが勝ち。

18 マッスル

◆**人数** 何人でも（個人戦）　◆**対象** 幼児〜

◆**進め方**

①次の3つのポーズを覚える。「両腕を上げたマッチョポーズ」「両腕を下げたマッチョポーズ」「片腕を上げ、片腕を下げたマッチョポーズ」

②スタッフの1人がお友だちの前に立つ。司会者の「スリー、ツー、ワン、マッスル、マッスル」というかけ声のあとに、みなで3つのポーズのうち1つのポーズをとる。

③スタッフと同じポーズをとった人はアウト。

④②〜③を繰り返して、最後まで残ったお友だちが勝ち。

◆**ポイント**

・スタッフはマッチョに見える服を着たり、体がマッチョな人を選ぶとおもしろい。

・司会者は「スリー、ツー、ワン」のかけ声と同時に、指で3・2・1を示す。

19　ビーチボール送りリレー

◆**人数**　1チーム5人以上（チーム対抗）　◆**対象**　小学生〜
◆**用意するもの**　ビーチボール（チーム分）、ビニールテープ
◆**進め方**
①ラインを引き、チームごとに1列に並ぶ。「スタート！」の合図で、先頭のお友だちから後ろの人に、ボールを頭上で渡す。
②列の最後のお友だちがボールを受け取ったら、ボールを持って走って先頭につき、また後ろの人にボールを送る。
③②を繰り返し、スタート時に先頭にいたお友だちが、早く先頭に戻ってきたチームが勝ち。
◆**ポイント**
・両足を広げた間からボールを渡してリレーすることもできる。
・人数が多い時は、後ろから何番めかのお友だちがゼッケンをつけ、その人が先頭に来た時点で終了にする。

20 ボールまたくぐりリレー

◆**人数** 1チーム5人以上（チーム対抗） ◆**対象** 小学生〜
◆**用意するもの** ビーチボール（チーム分）、ビニールテープ
◆**進め方**

① ビニールテープでラインを引き、チームごとに1列に並ぶ。「スタート！」の合図で、先頭のお友だちから後ろの人に、頭上でボールを送る。

② 列の最後のお友だちがボールを受け取ったら、ボールを持ったまま全員の足の下をくぐり、先頭につく。そしてまた、後ろの人にボールを送る。

③ ②を繰り返して、スタート時に先頭にいたお友だちが、また先頭に戻ってきたチームが勝ち。

◆**ポイント**

・人数が多い時は、後ろから何番めかのお友だちがゼッケンをつけ、その人が先頭に来た時点で終了にする。

21 座布団取りゲーム

イス取りゲームの座布団バージョン。
◆**人数** 10人以上（個人戦） ◆**対象** 小学生〜
◆**用意するもの** 座布団（参加人数より1つ少ない枚数）
◆**進め方**
①座布団を円状に置く。
②1列になり、音楽に合わせて座布団の周りを行進する。音楽が止まったら、座布団に座る。座れなかった人はアウトで、次は参加できない。
③座布団を1つ減らして、音楽に合わせて座布団の周りを行進する。音楽が止まったら座布団に座る。座れなかった人はアウト。
④③を繰り返して、最後まで残った人が勝ち。
◆**ポイント**
・音楽に合わせて踊りながら回っても楽しい。

22 新聞紙ファッションショー

◆**人数** 1チーム4人以上(チーム対抗)　◆**対象** 小学生〜
◆**用意するもの** 新聞紙(たくさん)、セロハンテープ・ガムテープ(それぞれチーム分)
◆**進め方**
①各チームでモデルを1人決める。
②チーム全員で協力して新聞紙で衣装を作り、モデルに着せる。
③最後にファッションショーをする。いちばん美しいと思ったチーム(ただし、自分のチーム以外)にみなが投票し、投票数の多かったチームが勝ち。

◆**ポイント**
・広告紙も使うと色鮮やかに仕上がる。

23 フラフープ通し

◆**人数** 1チーム5人以上(チーム対抗)　　◆**対象** 小学生～
◆**用意するもの** フラフープ(チーム分)
◆**進め方**
①チームごとに横1列に並び、手をつなぐ。
②初めのお友だち(右端か左端の人)がフラフープをくぐり、手をつないだまま、隣のお友だちもフラフープをくぐる。それを繰り返して、フラフープを早く最後の人まで送ったチームが勝ち。

◆**ポイント**
・くぐり終わったお友だちは、隣のお友だちがフラフープをくぐるのを手伝ってはいけない。

24 リレーwithフラフープ

◆**人数** 1チーム4人以上（チーム対抗） ◆**対象** 小学生～
◆**用意するもの** フラフープ・カラーコーン（それぞれチーム分）、ビニールテープ

◆**進め方**
①ビニールテープで、スタートと折返のラインを引く。折返点にはカラーコーンを置く。
②各チームで2人ずつペアになって手をつなぐ。先頭のペアは、つないだ手にフラフープをぶら下げる。
③「スタート！」の合図で、先頭のペアが走り、折返点を回って戻ってきて、次のペアにフラフープを渡す。その際、2人のどちらかが交替するペアのどちらかと手をつなぎ、フラフープを頭・足（体全体）に通して、交替するペアのつないでいる手まで通す。
④先にすべてのペアが走り終わったチームが勝ち。

◆**ポイント**
・フラフープを③のようにきちんと渡しているかどうか、スタッフがスタート地点で確認する。

25 まるオニ

◆**人数** 10人ぐらい（個人戦） ◆**対象** 小学生～
◆**用意するもの** ビニールテープ
◆**進め方**
①ビニールテープで、直径2メートルの円をイラストのように4つ重ねて作る。
②スタッフの1人がオニになり、お友だちは4つの円の中を移動して逃げる。オニは円の線上を移動して、逃げるお友だちにタッチする。タッチされたお友だちは、円の外に出る。
③最後まで残ったお友だちが勝ち。

◆**ポイント**
・大人数でやるとぶつかりやすいので、10人ぐらいずつで行う。

26 ブロック崩し

◆**人数** 1チーム4人以上（2チーム対抗） ◆**対象** 小学生〜
◆**用意するもの** ビニールテープ、段ボール箱（幅40×高さ20×奥行30センチぐらいに加工する。20個）、カラーボール

◆**進め方**

①部屋の前方にビニールテープで1本のラインを引く。

②各チームにキャラクターに扮装したスタッフが1人つき、部屋の後方に立つ。スタッフの前には、段ボール箱を10個ずつ（横2つ×縦5つ）積み上げて塀にする。2人のスタッフはそれぞれ、自分のチームの箱の後ろに隠れる。

③「スタート！」の合図で、2チームの全員が同時に、自分のチームの塀に向かってカラーボールを投げる。ボールで塀を崩し、出てきたスタッフに先にボールを当てたチームが勝ち。

◆**ポイント**

・ボールが当たったスタッフがオーバーに倒れると盛り上がる。

27　ＢＩＧパズル

◆**人数**　１チーム４人以上（２チーム対抗）　◆**対象**　小学生〜
◆**用意するもの**　ビニールテープ、段ボール箱（幅40×高さ20×奥行30センチぐらいに加工する。12個）

◆**進め方**
①段ボール箱を横２つ×縦３つに積み上げ、６つの箱を合わせた一面に絵を描く。それを２セット（２チーム分）用意する。
②部屋の前方にビニールテープでスタートラインを引く。部屋の中央に、①の箱をばらばらにして置く。
③チームごとに１列に並ぶ。「スタート！」の合図で、先頭のお友だちが走って箱を１つ取り、部屋の後方に運んで置く。置いたらスタート地点に戻り、次の人と交替。
④次のお友だちも箱を１つ取って運び、前の箱に積み上げる。交替を繰り返し、先に全部の箱で絵を完成させたチームが勝ち。

◆**ポイント**
・途中で箱が倒れたら、チーム全員で積み直してよい。

28　1 on 1

◆**人数**　1チーム5人（2チーム対抗）　◆**対象**　小学生〜
◆**用意するもの**　ボール（キャンディーボールのような当たってもあまり痛くないもの）、ビニールテープ
◆**進め方**
①ビニールテープで、小さめのドッジボールのコート（縦6×横3メートルぐらい）をつくる。
②各チームからお友だちが1人ずつコートに出て、1対1でボールの当てっこをする。ボールを当てられたらアウト（ボールを当てられても、バウンドする前にキャッチしたらセーフ）。
③勝負がついたら、負けたチームから次のお友だちが出る。
④②〜③を繰り返し、先に5人アウトにしたチームが勝ち。
◆**ポイント**
・見学しているお友だちには、どちらのチームが勝つかを予想させて、そのチームを応援させると盛り上がる。

㉙ カラーボールどっこいしょ

◆**人数** 1チーム4人以上（2チーム対抗）　◆**対象** 小学生〜
◆**用意するもの** ビニールテープ、カラーボール（21個ぐらい〔奇数〕）、かご

◆**進め方**
①ビニールテープで、アルファベットのZの形（約6×8×6メートル）に線を引く。線の中央にカラーボールを入れたかごを置く。
②各チームがZ形のそれぞれの端に1列に並ぶ。「スタート！」の合図で、先頭のお友だちが線上を走ってかごのボールを1つ取り、線上を戻って次の人に交替する。
③かごが空になるまで続け、ボールを多く運んだチームが勝ち。

◆**ポイント**
・図のようにスタッフがゴムひもを持って移動し、お友だちが飛び越すようにしてもよい。ひもに触れたら次の人と交替し、取ってきたボールはカウントされない。

30 どっちが長い？

◆**人数** 1チーム4人以上（2チーム対抗） ◆**対象** 小学生〜
◆**用意するもの** トイレットペーパー
◆**進め方**
① トイレットペーパーを6メートルぐらいに切り、床に置く。
② トイレットペーパーの両側に、相手チームに背中を向けて横1列に並ぶ。両足を広げ、両手を上げて待機する。
③ 「スタート！」の合図で、自分の足の間からトイレットペーパーを取る。
④ チームごとに、各自が取ったトイレットペーパーをつなげて並べる。つなげた全体が長いほうのチームが勝ち。

◆**ポイント**
・背丈に違いがありすぎると不利が生じるので、同じくらいの背丈の子が背中合わせになるように並ばせる。
・司会者が「スタート！」の合図を出す時にフェイントをかけるとおもしろい。

31 ボールファイティング

◆**人数** 1チーム5人以上（2チーム対抗） ◆**対象** 小学生〜
◆**用意するもの** ボール（ビーチボールなど少し大きめのものを2つ）、カラーボール（たくさん）、障害物（カラーコーンなど。幾つか）、ビニールテープ

◆**進め方**
①ビニールテープで、部屋の前方と後方にスタートとゴールのラインを引く。
②各チームがスタートラインにボールを1つずつ置く。スタートとゴールの間には、カラーコーンなどの障害物を置く。
③「スタート！」の合図で、いっせいに自分のチームのボールにカラーボールをぶつけてゴールのほうに転がす。チームのボールが、先にゴールの線を越えたチームが勝ち。

◆**ポイント**
・障害物を置く際に、狭くてボールが通れないようなところも作ると難易度が上がる。

32 ジャンプロープ

◆**人数** 1チーム8人以上（チーム対抗） ◆**対象** 小学生〜
◆**用意するもの** ゴムひも（チーム分）、ゼッケン（各チームに2枚）、ビニールテープ
◆**進め方**
①ビニールテープでスタートラインを引く。チームごとに縦2列に並ぶ。
②先頭の2人がゼッケンをつけ、ゴムひもの両端を持つ。「スタート！」の合図で、ひもを低く持って、列の後ろに向かって走る。後ろの人はひもに引っかからないようにジャンプする。
③2人が列のいちばん後ろに出たら、今度はゴムひもを高く持って列の前に向かって走る。前の人はひもに引っかからないようにしゃがむ。
④2人が先頭に戻ったら、後ろの2人にゴムひもを渡し、列のいちばん後ろにつく。
⑤②〜④を繰り返し、ゼッケンをつけた2人が先に先頭に戻ったチームが勝ち。

33　レッツタオルリレー

◆**人数**　1チーム9人以上（チーム対抗）　◆**対象**　小学生〜
◆**用意するもの**　カラーボール（各チームに20個）、タオル（たくさん）、かご（チーム分）

◆**進め方**

①チームごとに、1人を除いて、残りのお友だちが2列に並ぶ。列の手前にカラーボールを20個ぐらい置き、列の後ろに空のかごを置く。各チームの1人が列の先頭につく。

②列の隣どうしがペアになって向かい合い、2人でタオルの両端を持つ。「スタート！」の合図で、先頭についた1人のお友だちがカラーボールをタオルの上に載せる。

③隣のペアのタオルにボールを渡していく。最後のペアはボールをかごに入れる。制限時間内（1分ぐらい）にかごにボールをたくさん入れたチームが勝ち。

◆**ポイント**

・ペアとペアの間隔を開けて、ボールを投げ渡してもおもしろい。

34 買い物ゲーム

◆**人数** 2人以上（個人戦） ◆**対象** 幼児〜
◆**用意するもの** おままごとに使う食べ物のおもちゃ（たくさん）、ビニールテープ
◆**進め方**
①ビニールテープでスタートラインを引く。離れたところにおままごとの食べ物をばらばらに置く。
②司会者が「〜と〜を買ってきてちょーだい」と言ったら、全員が走って指示されたものを取りに行く。司会者のところに、いちばん先に持っていった人が勝ち。

◆**ポイント**
・「カレーライスの具を買ってきてちょーだい」など、考えさせる指示を出してもおもしろい。

35 あめリレー

◆**人数** 1チーム4人以上（チーム対抗） ◆**対象** 小学生〜
◆**用意するもの** 紙コップ・帽子・かご（それぞれチーム分）、あめ玉（たくさん）、ガムテープ、ビニールテープ
◆**進め方**
①帽子の上に紙コップをガムテープでくっつける。
②ビニールテープでスタートラインを引き、各チームのかごを置く。チームごとに1列に並び、先頭のお友だちが帽子をかぶる。各チームの数メートル先に、あめを持ったスタッフが立つ。
③「スタート！」の合図で、先頭のお友だちが走り、スタッフとジャンケンをする。勝ったらあめを2個、あいこならあめを1個、帽子の紙コップに入れてもらえる。スタートラインに戻り、紙コップのあめを手を使わずにかごに入れる（帽子は手で押さえてよい）。紙コップから落としたあめは拾えない。次の人に帽子を渡して交替。
④「終わり！」の合図で終了。いちばん多くあめをかごに入れたチームが勝ち。

36 ゴーファイト

◆**人数** 1チーム3人以上（チーム対抗） ◆**対象** 小学生〜
◆**用意するもの** いろいろなキャラクターを描いたカード、ボスキャラクターを描いたカード、ミニホワイトボード・ボードペン（それぞれチーム分＋スタッフ1名分）

◆**進め方**

①各キャラクターのカードに、図のように体力ポイント（HP〔Health Point〕100〜200ポイント）と攻撃ポイント（AP〔Attack Point〕10〜50ポイント）を書く。

②各チームにホワイトボードとボードペンを配り、①のカードを1枚ずつ引かせる。

③司会者がボスキャラクター（体力ポイント500以上、攻撃ポイント50以上）を持って、みんなに見せる。

④各チームから代表者が1人ずつ出て、代表者全員対ボスキャラクター（司会者）でジャンケンをする。

・ジャンケンに負けたチームは、自分のキャラクターの体力ポイントから、ボスキャラクターの攻撃ポイントを引く。

・あいこのチームは、自分のキャラクターの体力ポイントから、ボスキャラクターの攻撃ポイントの半分を引く。

・勝ったチームは、ボスキャラクターの体力ポイントから、自分のキャラクターの攻撃ポイントを引く。

　チームのキャラクターのポイントをそれぞれホワイトボードに記録する。

⑤代表者を交替しながらジャンケンを続け、ボスキャラクターの

体力ポイントが0になった時、体力ポイントが残っていたチームが勝ち。

◆ポイント

・1人のスタッフが、ジャンケンで勝ったチームの攻撃ポイントを合計してボスの体力ポイントから引き、ホワイトボードに記録する。

ボスキャラクター

HP 1000
AP 50
-100

HP 200
AP 100
±0
勝ち

HP 300
AP 50
-25
あいこ

HP 250
AP 60
-50
負け

37 コイン隠し

◆**人数** 1チーム3人以上（チーム対抗）　◆**対象** 小学生〜
◆**用意するもの** コイン、ミニホワイトボード・ボードペン（それぞれチーム分）

◆**進め方**

①3人のスタッフが前に出て、横1列に並ぶ。右端のスタッフから順に隣のスタッフにコインを渡す。その際、見ているお友だちに、どのスタッフがコインを持っているかわからないように渡す。左端のスタッフにコインが渡ったら（渡すふりをしたら）、また右端のスタッフまでコインを戻す（戻すふりをする）。

②お友だちは、どのスタッフがコインを隠し持っているかチームごとに話し合い、ホワイトボードに答えを書く。各チームの答えをいっせいに出す。予想が当たっていたチームに1ポイント。

③何回か繰り返し、ポイントを多く取ったチームが勝ち。

◆**ポイント**

・コインの受け渡しは、お友だちから見えない体の後ろではしないこと。
・1つのチームがコイン隠しをしてもよい。だれがコインを持っているか他のチームが当てられなかったら、コイン隠しをしたチームが勝ちになる。

38 人間間違い探し

◆**人数** 3人以上（個人戦）　◆**対象** 小学生～
◆**進め方**
①スタッフの中で何人かが明らかにおかしい格好をする。（例：服を裏返しに着る。片方の耳に大きなおもちゃの耳をつける。カップラーメンの容器を帽子代わりにかぶる。）
②司会者は、スタッフの中におかしいところが幾つあるかをお友だちに伝えておく。
③「スタート！」の合図でスタッフが登場し、部屋の中を歩き回る（おかしいところがないスタッフもまざって歩く）。お友だちはスタッフのおかしいところを探し、全部見つけたら司会者に報告する。
④「終わり！」の合図までに、全部見つけたお友だちが勝ち。

◆**ポイント**
・おかしいところがわかりにくい格好もまぜておくと、難易度が上がる。

39 目隠し足踏み

◆**人数** 挑戦者2〜4人（個人戦） ◆**対象** 小学生〜
◆**用意するもの** ビニールテープ、目隠し（タオルなど。人数分）、メジャー
◆**進め方**
①ビニールテープで、4メートルほどの間隔を開けて、床に3センチくらいの×じるしを人数分つける。
②×じるしの上に挑戦者が立ち、タオルなどで目隠しをする。
③「スタート！」の合図で挑戦者は激しく足踏み（もも上げ）を始め、「終わり！」の合図で足踏みをやめる。
④×じるしからどれぐらい離れたかをメジャーで計る。×じるしにいちばん近いところにいたお友だちが勝ち。
◆**ポイント**
・意外に動いてしまうので、見ているほうも楽しい。

キッズハウスゲーム

教会員の家で行う子ども向けの集会、
「キッズハウス」に適したゲームを集めました。

40 ボヨンボヨン爆弾

◆**人数** 2人以上（個人戦） ◆**対象** 小学生〜
◆**用意するもの** 新聞紙を丸めてビニールテープをはったボール（サッカーボールぐらいの大きさ）、ゴムひも（30センチほど）
◆**進め方**
①部屋に、ビニールテープで四角の線（3メートル四方ぐらい）を引く。お友だちは全員、その四角の中に入る。
②新聞紙で作ったボールに、粘着力の強いガムテープでゴムひもをくっつける。スタッフがそれを持って四角の中央に立つ。
③「スタート！」の合図で、スタッフが新聞紙のボールをヨーヨーのようにたたきながらお友だちに当てる。お友だちは、新聞紙のボールに当たらないように逃げる。新聞紙のボールに当たったり、線から出たらアウトになり、四角の外に出る。
④最後まで残ったお友だちが勝ち。

41　Kハウスカード集め

◆**人数**　3人以上（個人戦）　◆**対象**　幼児～
◆**用意するもの**　それぞれに「K」「ハ」「ウ」「ス」の文字を書いた名刺サイズのカード（コピーしてたくさん作っておく）

◆**進め方**
① 1人に1枚ずつ、「K」「ハ」「ウ」「ス」のカードを配る。
②「スタート！」の合図で、お友だちとジャンケンする。勝ったら相手からカードを1枚もらい、負けたら相手に1枚渡す。
③ 手持ちのカードがなくなったら、司会者から何度でもカードを3枚もらえる。
④「終わり！」の合図で、手持ちのカードに「Kハウス」が何組あるかを数える。いちばん多く「Kハウス」がそろっていたお友だちが勝ち。

◆**ポイント**
・「Kハウス」は「キッズハウス」の意。ほかのことばでもよい。
・やり方を理解できていないお友だちがいたら、スタッフも参加してその子と積極的にジャンケンをするか、一緒について回って導いてあげよう。

42　フリスビーリレー

◆**人数**　1チーム2人以上（チーム対抗）　◆**対象**　小学生〜
◆**用意するもの**　おもちゃのボーリングのピン・小さいフリスビー（それぞれチーム分）、机、ビニールテープ
◆**進め方**
①ビニールテープで、スタートラインを引く。数メートル離れたところに各チームのピンを載せた机を置く（ピンはなるべく離して置く）。
②チームごとに1列になって並ぶ。「スタート！」の合図で、先頭のお友だちがスタートラインからピンを目がけてフリスビーを投げる。ピンに当たらなかったらフリスビーを取りに行き、次の人に渡して交替する。
③先にピンを倒したチームが勝ち。ただし、相手チームのピンを倒してしまったら相手チームの勝ちになる。

43 足バスケット

◆**人数** 1チーム3人以上（2チーム対抗）
◆**対象** 小学生高学年以上～
◆**用意するもの** かご（4つ）、ボール、ビニールテープ
◆**進め方**

①ビニールテープで、図のように各チームのスタートラインを引き、色分けした各チームのかごを2つずつ中央に置く。

②ジャンケンで勝ったチームのスタートラインにボールを置く。お尻を床につけた状態で、足でボールを運んだり、味方にパスしたりして、自分のチームのかごにボールを入れる。1回入れるごとに1ポイント。足で相手チームのパスを邪魔したり、ゴールのかごをどかしたりする（相手を蹴ったり、手を使ったりしてはいけない）。

③制限時間内（約5分）に、ポイントを多く取ったチームが勝ち。

◆**ポイント**

・決着がつかなければ、フリースロー（順番に足でボールを投げ、先にかごに入ったほうが勝ち）をやってもよい。

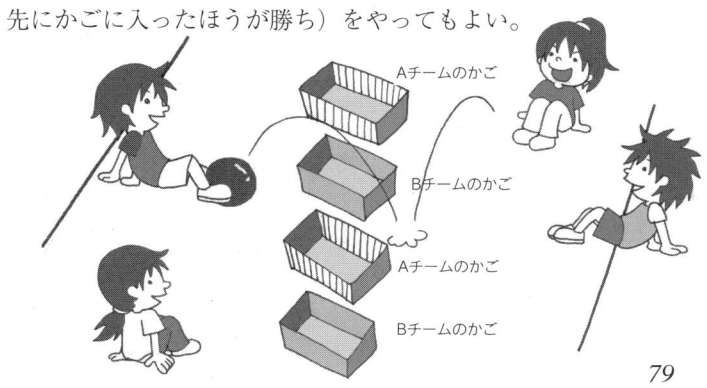

44　世界の国ことばジャンケン

◆**人数**　3人以上（個人戦）　◆**対象**　幼児〜
◆**用意するもの**　世界の国のあいさつを順番に書いた紙（例：「ハロー」〔英語〕→「アンニョンハセヨ」〔韓国語〕→「ニーハオ」〔中国語〕→「オラ」〔スペイン語〕→「こんにちは」〔日本語〕。OHPシートで見せてもよい）

◆**進め方**

①用意した紙をお友だちに見せる。それぞれの国のあいさつにポーズをつける。どんなポーズにするかお友だちと考えるとよい。（例：「ハロー」は片手を上げる。）ポーズはなるべく違いがわかるものにする。

②「スタート！」の合図で、最初のあいさつ（例：「ハロー」）のポーズをとり、お友だちの1人とジャンケンをする。

③ジャンケンに勝ったら次の国のあいさつ（例：「アンニョンハセヨ」）のポーズをとり、同じポーズをしている人どうしでジャンケンをする。負けた場合は、最初のあいさつ（例：「ハロー」）のポーズに戻り、同じポーズの人どうしでジャンケンをする。

④最後のあいさつ（例：「こんにちは」）のポーズで勝ったら、司会者のところに行く。何人かが司会者のところに来たら終わり。

45　トレジャーハント

◆**人数**　2人以上（個人戦）　◆**対象**　幼児〜
◆**用意するもの**　同じ絵が2枚あるカードをたくさん（表にペアとなる絵を描く。裏は何も描かないか、すべて同じ絵を描く）
◆**進め方**
①カードを裏にして、床にばらばらに置く。お友だちはそれぞれの陣地を決める。
②「スタート！」の合図で、お友だちがいっせいにカードを表にひっくり返していく。同じ絵のペアを見つけたら自分の陣地に持っていき、またペアを探す。
③カードがなくなった時点で、たくさんペアを集めた人が勝ち。
◆**ポイント**
・お友だちが表にひっくり返した絵を、スタッフが裏に戻して邪魔をすると盛り上がる。
・人数が多ければ、チーム戦にして交替でカードを探す。

46 福袋引き

◆**人数** 2人以上 ◆**対象** 幼児～
◆**用意するもの** お友だちへのプレゼントを入れた福袋（人数分）、長いひも
◆**進め方**
①福袋に長いひもをつける。ひもがどの福袋につながっているかわからないように、画用紙の筒で図のように束ねる。
②事前に行ったゲームで勝ったお友だち、得たポイントが高かったお友だちから順番に好きなひもを引っ張り、福袋をたぐり寄せる。選んだひもについていた福袋をもらえる。

◆**ポイント**
・福袋は、中身が透けない大きめの紙袋がよい。
・プレゼントがだんだん近づいてくるので盛り上がる。

ユースゲーム

みどり野キリスト教会では、ユースとゲームをする時、司会者を2人立てます。テレビ番組の司会者のようにおもしろおかしくコメントしながらゲームを進めると、ゲームを見ているギャラリーも楽しめます。

47 座りバレー

◆**人数** 1チーム3人以上（2チーム対抗） ◆**対象** 中学生〜
◆**用意するもの** ビーチボール、ネット（ショートテニスやレクリエーション用のネット）、ビニールテープ
◆**進め方**
①ビニールテープでコートの線（縦6×横3メートルぐらい）を引く。真ん中にネットを張る（ユースの腰ぐらいの高さにする）。
②基本的にバレーボールのルールで対決する。ただし、全員座った状態でゲームをする。3回までのタッチでボールを相手コートに返す。相手がコート内にボールを返せなかったら1ポイントを得る。ボールを打つ時に立ってしまったり、サーブが天井に当たった場合は相手チームのポイントになる。
③先に10ポイント取ったチームを勝ちとする。

48 マシュマロキャッチ

◆**人数** 2人以上（個人戦）　◆**対象** 中学生〜
◆**用意するもの** マシュマロ
◆**進め方**
① スタッフがマシュマロを1つ持ち、挑戦者に向かって弧を描くようにふわっと投げる。挑戦者はそれを口でキャッチする。
② 2回チャレンジして、マシュマロを口でキャッチできた人が勝ち。
◆**ポイント**
・コントロールがうまいスタッフが投げるとよい。

49 まめまめ選手権

◆**人数** 2人以上（個人戦）　◆**対象** 中学生〜
◆**用意するもの** 小さな豆（大豆など。たくさん）、皿（1人2個）、はし（人数分）
◆**進め方**
①挑戦者を数人決めて、机の上に皿を2枚とはしを一膳ずつ並べる。1枚の皿には、豆を20〜30粒ほど載せておく。
②「スタート！」の合図で、挑戦者がはしを使って、皿の豆を空の皿に移していく。制限時間内（1分程度）に、豆を多く移した人が勝ち。
◆**ポイント**
・終わったらスタッフが豆の数を数えると、スムーズに進行する。

50 絵しり取り

◆**人数** 1チーム2人以上（チーム対抗）　◆**対象** 中学生〜
◆**用意するもの** ホワイトボード、マーカー（チーム分）
◆**進め方**
①司会者が、しり取りの初めの文字を決める。（例：「り」）
②各チームが、ホワイトボードの前に1列に並ぶ。「スタート！」の合図で、先頭の人が、司会者が決めた文字から始まることばの絵をホワイトボードに描く。それが何の絵かをチーム内で教え合ってはいけない。
③次の人は、その絵からしり取りをして、続く絵をホワイトボードに描く。1つの絵につき1ポイント。制限時間内にいちばん多くポイントを取ったチームが勝ち。

◆**ポイント**
・「ん」で終わる絵を描いたら、そこで終わり。

51 物語ジェスチャー

◆**人数** 2人以上（個人戦） ◆**対象** 中学生〜

◆**進め方**

①数人のスタッフが、みなの前に出る。スタッフは、せりふを言わずにジェスチャーだけで有名な物語（「桃太郎」、「白雪姫」など）を演じる。

②スタッフが何のお話を演じているかわかった人は手を挙げる。司会者が答える人を指名して、いちばん先に正解した人が勝ち。

◆**ポイント**

・スタッフは、事前に多少の練習をしておくことが必要。ひとりで演じてもよい。

・意外とすぐに正解がわかってしまうが、スタッフは最後まで演じ続ける。いかにおもしろおかしく演じて、見ている人を笑わせるかがポイント。演技力のあるなしにかかわらずスタッフの個性が出て、みなが楽しめる。

52 メール早打ちゲーム

◆**人数** 2人以上（個人戦）　◆**対象** 中学生～
◆**用意するもの** 携帯電話（各自）
◆**進め方**

①司会者がお友だちに、メールに打つ文章（例：「JESUS FAMILY ユースゴスペルライブに来たよ。」）と自分のメールアドレスを伝える。

②「スタート！」の合図で、みながいっせいに指定された文章を打ち、司会者の携帯電話に送信する。

③司会者は、メールが届いた順に、一字の誤字脱字もないかどうかチェックする。いちばん早く正確にメールを送信した人が勝ち。

◆**ポイント**

・携帯電話を持っていない人も参加できるようにチーム戦にして、1文字ずつ交替で打つようにしてもよい。

53 以心伝心3文字単語クイズ

◆**人数**　1チーム3人（チーム対抗）　◆**対象**　中学生〜
◆**用意するもの**　ミニホワイトボード・ボードペン（各チームに3つずつ）

◆**進め方**

①挑戦するチームの3名がみなの前に出て、横1列に並ぶ。

②司会者が、お題（例：「3文字の赤い果物と言えば？」「3文字の乗り物と言えば？」）を出題する。

③挑戦者の3名は相談せずに、端の人から1文字ずつ、お題から思いついた3文字の単語の一文字をホワイトボードに書く。（例：「3文字の赤い果物と言えば？」→1人め「り」、2人め「ん」、3人め「ご」。3人合わせて「りんご」）

④司会者の合図で、3人がいっせいにホワイトボードを見せる。単語が完成していたら、1ポイント。各チームが5つのお題に答えて、ポイント数の多いチームが勝ち。

◆**ポイント**

・お題の答えを漢字にするとハイレベルになる。（例：「パリで有名な門の名前は？」　答え「凱旋門」）この場合、漢字を間違えたらポイントにならない。

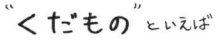

54　瞬間判断力

◆**人数**　2人以上（個人戦）　◆**対象**　中学生〜
◆**用意するもの**　値段が同じくらいの2つの物の写真（雑誌の切り抜きなど）を何組か（例：真珠とダイヤモンド）
◆**進め方**
①司会者がお友だちに、用意した2つの物の写真を見せ、「3、2、1」と3秒間のカウントをスタートする。
②カウントが終わった時点で、お友だちはどちらの値段が高いかを判断して、高いと思ったほうに手を挙げる（司会者が、「右だと思う人」「左だと思う人」と質問する）。当たった人は1ポイント。
③何題か問題を出して、ポイントを多く取った人が勝ち。
◆**ポイント**
・チーム対抗で行ってもよい。

55　一致ゲーム

◆**人数**　1チーム3人以上（2チーム対抗）　◆**対象**　中学生〜
◆**用意するもの**　ミニホワイトボード・ボードペン（人数分）
◆**進め方**

①挑戦する2チームがみなの前に出て、図のように相手チームと交互に隣り合って横1列に並ぶ（自分のチームの人の回答を見ないようにするため）。

②司会者が、「フルーツと言えば？」「夏と言えば？」などのお題を出す。お題から思いついたことばを、各自がボードに書く。全員が書いたら、いっせいにボードをみなに見せる。

③チーム内で同じ回答を書いた人数がチームのポイントになる。司会者が何回かお題を出して、ポイントを多く取ったチームが勝ち。

56 口パクを当てろ！

◆**人数** 1チーム5人以上（チーム対抗） ◆**対象** 中学生〜
◆**進め方**
①チームごとに1列に並ぶ。司会者が、各チームの先頭の人に、お題のことば（例：「アイス」）を伝える。その際、後ろの人には聞こえないように注意する。
②先頭の人から始めて、列の後ろの人に口パクでお題のことばを伝えていく。列の最後の人は先頭の人のところに行き、お題のことばを口に出して伝える。それが間違っていたら、もう一度先頭の人からやり直す。
③最後の人が、正確にお題のことばを言えたチームが勝ち。

◆**ポイント**
・ささやき声を出したり、身振り手振りで伝えたりしてはいけない。

57　ジェンガリレー

◆**人数**　1チーム3人以上（チーム対抗）　◆**対象**　中学生～
◆**用意するもの**　ジェンガ（2セット以上）
◆**進め方**
①1チームずつ、みなの前に出る。
②「スタート！」の合図で、ジェンガの塔を崩さないように、チームのメンバーが1人1本ずつ塔から棒を抜き、塔のいちばん上に積み重ねていく。
③塔を倒さずに、制限時間内（1分ぐらい）にいちばん多く棒を抜いたチームが勝ち。

◆**ポイント**
・挑戦するチームを交替する時に、スタッフがジェンガの塔を作り直さなければならないので、ジェンガは2セット以上あったほうがよい。
・2セットのジェンガを両方使って、1つの高い塔にしてもおもしろい。

58 10秒メモリービンゴ

◆**人数** 1チーム3人以上（2チーム対抗） ◆**対象** 中学生～
◆**用意するもの** 縦3×横3の9マスに、1～9の数字をばらばらに書いた紙（数種類）

◆**進め方**
①対戦する2チームがみなの前に出る。
②司会者が、用意した紙を10秒間だけ2チームに見せる。メンバーは、その間に数字の位置を覚える。10秒たったら、司会者は紙をしまう。
③チームの代表者どうしでジャンケンをする。勝ったチームから交互に、メンバーが1人ずつ1～9の数字のどれかを答える。チーム内で相談をしてはいけない。相手チームが既に挙げた数字を言ってはいけない。
④1列に並んだ3つの数字（縦、横、斜めいずれでもよい）を先に言い当てたチームが勝ち。

◆**ポイント**
・挑戦者が数字を答える際、対戦しているチームのメンバーには紙を見せないが、ほかの人たちには見せるとおもしろい。

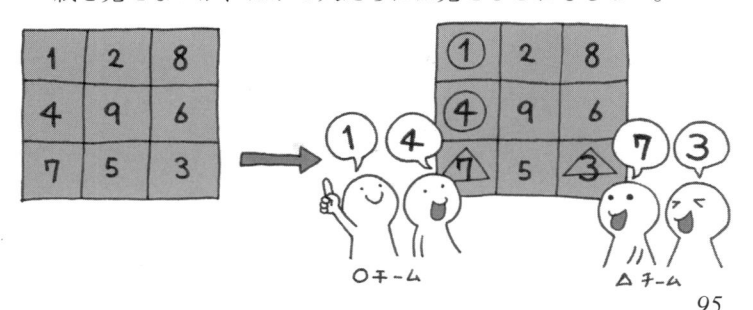

59 聖徳太子ゲーム

◆**人数** 1チーム3人以上（チーム対抗） ◆**対象** 中学生〜
◆**用意するもの** ミニホワイトボード・ボードペン（それぞれチーム分）
◆**進め方**
① 3人のスタッフが、同じ文字数で異なる単語を、同時に大声で言う。（例：「ぶどう」「ぶんぐ」「ぶたい」）
② チームごとに、3つの単語の解答をホワイトボードに書く。1つ正解なら1ポイント、2つ正解なら2ポイント、3つ正解なら3ポイント。
③ 何回か行って、ポイントを多く取ったチームが勝ち。
◆**ポイント**
・3人のスタッフは、息を合わせて言おう。

⑥⓪　勝ち残りジャンケン

◆**人数**　8人以上（個人戦）　　◆**対象**　中学生〜
◆**用意するもの**　いす（何脚か）
◆**進め方**

①いすを横1列に並べる。参加者全員でジャンケンをして、勝った何人かがそれぞれのいすの上に立つ。ほかの人たちは、それぞれのいすの前に1列に並ぶ。

②「スタート！」の合図で、いすに立っている人と、その前に並んでいる人が順番にジャンケンする。いすに立っている人が負けたら、いすを下りて列の最後に並び、勝った人がいすの上に立つ。いすに立っている人が勝ったら、列の人はまた列の後ろに並ぶ（どのいすの列でもよい）。

③制限時間（1分ぐらい）までジャンケンを繰り返し、「終わり！」の合図が出た時点で、いすの上に立っていた人が勝ち。

61 トランプジャンケン

◆**人数** 10人以上（個人戦） ◆**対象** 中学生〜
◆**用意するもの** トランプを5セット（大きさや絵柄などは同じでなくてもよい）
◆**進め方**
①スタッフがトランプを切り、1人につき5枚ずつカードを配る。
②「スタート！」の合図で、ほかの人とジャンケンをする。勝った人は、負けた人からカードを1枚もらう。
③制限時間（1分ぐらい）までジャンケンを繰り返す。手持ちのカードがなくなったら、スタッフから何度でも3枚のカードをもらえる。
④「終わり！」の合図で、持っているカードの数字の合計を計算する。ジョーカーはマイナス50点として計算する。合計点がいちばん多い人が勝ち。

62　略語クイズ

◆**人数**　1チーム3人以上（チーム対抗）　◆**対象**　中学生〜
◆**用意するもの**　ミニホワイトボード・ボードペン（それぞれチーム分）

◆**進め方**
①司会者が、略語のお題（例：KY〔空気読めない〕）を出す（インターネットで「若者用語　略語」で検索するとたくさんの略語が見つかるので、その中から選ぶ）。
②チームごとに略語の意味を考えて、ホワイトボードに解答を書く。全チームがいっせいに解答を見せる。正解したチームには1ポイント。
③司会者が数問出して、ポイントを多く取ったチームが勝ち。

◆**ポイント**
・意味がわかりづらい略語ほど、出てくる解答がおもしろいものになる。正解ではなくても、おもしろい答えにはポイントをあげてもよい。

63 早口ことば風船バトル

◆**人数** 1チーム3人以上（2チーム対抗） ◆**対象** 中学生～
◆**用意するもの** 早口ことばのお題（例：「生麦生米生卵」）、風船（膨らませていないもの2つ）、空気入れポンプ（2つ）、ホワイトボード、ガムテープ

◆**進め方**

①風船の口に空気入れポンプの先を差し込み、ガムテープで留める（空気がもれないようにする）。

②2チームがホワイトボードの前に出て、チームごとに横1列に並ぶ。各チームの代表者がジャンケンをして先攻、後攻を決める。

③「スタート！」の合図で、先攻チームの先頭の人がお題の早口ことばを3回言う。その間、ホワイトボードの裏からその人の頭上に風船を垂らし、ボードの裏でスタッフが空気を入れる。途中で早口ことばをつっかえたら1回めから言い直す。間違いなく3回言い終わったら、スタッフは空気を入れるのをやめる。

④次に、後攻チームの先頭の人が早口ことばのお題を3回言う。その間、③と同様に、そのチームの風船にスタッフが空気を入れる。後攻チームの先頭の人が言い終わったら、先攻の2人めの人に交替する。

⑤④を繰り返して、風船が先に割れたチームが負け。

◆ポイント

・頭上に風船があると、焦ってことばを正確に言えないところが
おもしろい。

64　ビッグウェーブサーフィン

◆**人数**　1チーム8人以上（チーム対抗）　◆**対象**　中学生～
◆**用意するもの**　大きな布（約3×6メートル。チーム分）、ぬいぐるみ（各チーム3つ）、かご（チーム分）、ストップウォッチ
◆**進め方**

①チームごとに、1人がかごを持ち、1人が3つのぬいぐるみを持つ。ほかのメンバーは全員で広げた布の端を持つ。かごとぬいぐるみを持った人は、それぞれ布の片側とその反対側に立つ。

②「スタート！」の合図で、ぬいぐるみを持った人が、布の上にぬいぐるみを1つ置く。布を持つメンバーは、ぬいぐるみが波に乗っているようにうまく布を動かして、ぬいぐるみをかごのほうに移動させる。ぬいぐるみが布から落ちたら、初めからやり直す。かごを持っている人は、ぬいぐるみが入るようにかごを持つ手を動かしてよい。

③3つのぬいぐるみを全部かごに入れた時点のタイムをスタッフが計る。いちばんタイムが早かったチームが勝ち。

◆ポイント
・制限時間を決め、かごに入れたぬいぐるみの数で競ってもよい。

65 王様だあれ

◆**人数** 20人以上（個人戦）　◆**対象** 小学生〜
◆**進め方**
①ゲームをする前（集会前）に、司会者はみんなに知られないように参加者の中から王様役を1人選び、その人に何かのサインを教えておく（例：ウインクなど）。
②ゲーム開始の時、司会者は王様がどんなサインを出すかを全員に伝える。
③司会者の「スタート！」の合図で、参加者は歩き回って互いにジャンケンをする。ただし、同じ人と続けてジャンケンすることはできない。
④王様はジャンケンに負けたら、相手にそっとサインを送る。サインを受けた人は、だれが王様かを司会者に告げる（ただし、王様からサインを受けてから、さらに3人の人とジャンケンをしてからでないと、司会者に報告に行けない）。司会者に告げたら、その人はジャンケンから抜ける。
⑤周りの人が王様のサインを目撃しても、王様とジャンケンをして勝ち、サインを出してもらわないと、報告には行けない。
⑥司会者の「終わり！」の合図まで続ける。王様がだれかを司会

者に報告していた人が勝ち。

◆ポイント
・なるべく他の人に気づかれないようなサインにする。

66　このあとどうなるでしょう

◆**人数**　1チーム3人以上（チーム対抗）　◆**対象**　中学生〜
◆**用意するもの**　プロジェクター、コンピューター、ミニホワイトボード・ボードペン（それぞれチーム分）
◆**進め方**
①コンピューターにプロジェクターをつなぎ、インターネットに接続する。YouTube（動画共有サイト）などのおもしろい映像（例：道を歩いている犬がつまずいて転ぶなど）の初めの部分をプロジェクターで流して、途中で映像を止める。
②そのあと何が起こるかをチームごとに予想して、ボードに書く。全チームがいっせいに答えを出す。当たっていたチームは1ポイント。何問か行って、ポイントを多く取ったチームが勝ち。

◆**ポイント**
・あらかじめ映像を選び、どの時点で止めるか決めておく。
・みなを笑わすようなおもしろい答えを書いたチームにもポイントをあげてもよい。

67 チュウかんテスト

◆**人数**　3人以上（個人戦）　◆**対象**　中学生〜
◆**用意するもの**　ミニホワイトボード・ボードペン（それぞれチーム分）
◆**進め方**
①中国語の単語を見せる。（例：「手紙」）そのことばの意味が何か三択で示す。（例：1 成績表、2 トイレットペーパー、3 タオル）
②チームごとに考えて、解答をホワイトボードに書く。
③全チームがいっせいに答えを出す。当たっていたチームは1ポイント。（例の正解は、2の「トイレットペーパー」）
④何問か行って、ポイントを多く取ったチームが勝ち。

◆**ポイント**
・例に挙げた「手紙」のように、中国語の意味と日本語の意味とが違う単語を選ぶとおもしろい。インターネットで、「日中同形意義語」と検索すると、そのような単語を見つけることができる。日本語と中国語の同形異義語を紹介した本もある。

キッズイベント

地域のお友だちに教会に足を運んでもらうためのイベントです。初めて来るお友だちも楽しく参加できるものを集めました。

68 お菓子の家づくり 〈パーティーイベント〉

◆**対象** 幼児〜

◆**用意するもの** ロールケーキやケーキのスポンジ（家の土台になるもの）、生クリーム（ホイップしたもの）、クッキーやゼリービーンズなどのお菓子（飾りつけにするもの）

◆**内容**

①スタッフがロールケーキやケーキのスポンジを使って、「お菓子の家」の土台を作る。

②年齢が近いお友だちどうしをグループにする。グループごとに、家の土台に生クリームを塗って、クッキーなどで飾りつけをし、お菓子の家を完成させる。

③完成したケーキを発表し、スタッフがいちばん頑張ったチームを選んで、賞をあげる。

㊹ ハンバーガーキッズ 〈パーティーイベント〉

◆**対象** 幼児〜
◆**用意するもの** バンズ(マフィン・ロールパンなどおかずを挟めるパン)、ハンバーグ、レタス、トマト、チーズ、ケチャップ、マスタード、マヨネーズなど(お好みで)
◆**内容** 年齢が近いお友だちどうしでグループになり、各自がパンに好きなものを挟んでオリジナルバーガーを作る。(スタッフは事前にお友だちがどんな具材が好きかを聞いて、材料を買うとよい。)お友だちはハンバーガーが大好きなのでとても喜ぶ。

㊺ アドベンチャーキッズ 〈キッズイベント〉

◆**対象** 幼児〜
◆**内容** 同じ学年のお友だちとグループになり、一緒にお出かけしたり、料理や工作をするキッズイベント(みどり野キリスト教会では2か月に1度行っている)。博物館・動物園・科学館・プールなどお友だちが行きたいところに行ったり、クレープ・お好み焼き・たこ焼きなどの料理や、粘土の貯金箱やビーズのアクセサリー作りなどの工作を楽しむ。スタッフとお友だち、またお友だちどうしの信頼関係を築いたり、お友だちが自分の友だちを誘うきっかけにもなるのでお勧め。

71 ショップ

- ◆**対象** 幼児～
- ◆**用意するもの** 駄菓子（チョコレート・グミ・ガム・ラムネ等）、雑貨（シール・ペン・スライム等）、お買い物券（教会がオリジナルで作る。みどり野キリスト教会では、JF〔Jesus Family〕ドルという券を使っている）
- ◆**内容** ゲームなどのプログラムのあとに、駄菓子や雑貨などお友だちが好きなものをそろえたお店を出す。

　お買い物券を用意してお友だちに渡し、自由に買い物をさせる。（例：初めて教会に来たお友だちには100JFドル、お友だちを連れてきた子にも100JFドル、ゲームに勝ったお友だちには10JFドルなど。お店では10円を10JFドルと換算して売る。）

　初めて来たお友だちは、好きなお菓子を選べるのでとても喜ぶ。

キャンプイベント

キャンプのプログラムに入れて楽しめるイベントです。時間をたっぷり使って、ふだんでは味わえない交わりの時をお友だちと過ごしましょう。

キャンプにチャレンジ！

　楽しいキャンプをしましょう。日本じゅうから、子どもたちやユースの喜びと賛美の声が天に届いたら、主はどれほどお喜びになるでしょうか。すばらしいキャンプにチャレンジしましょう。キャンプの働きは本当に最高です。I　LOVE　CAMP！

　私はキャンプと聞くと、体の体温が２、３度上がるほどドキドキワクワクしてきます。キャンプは本当に楽しく、ふだんの奉仕や交わりでは体験することができない大きな祝福と、豊かな神様のご臨在があるからです。

　キャンプのいちばんの喜びは、ノンクリスチャンのお友だちやユースが主イエスと出会い、罪を悔い改めて主を信じる機会となることです。また、お友だちとユースが主のために人生をささげる献身の決心に導かれることです。あるデータでは、牧師として献身した人の80％が10代で信仰に導かれ、その多くの人がキャンプで導かれたということです。キャンプは神様の祝福で満ちています。

　私たちの教会は今年で開拓25年めです。牧師家族４人から始まった教会が24年の歩みの中で成長し、変化してきました。私たちが24年間欠かさずにしてきたのがキャンプの働きです。教会がスタートした年から、夏休みにお友だちを集めてバイブルキャンプを行いました。年に１度の夏のキャンプが、冬休み、春休み、ゴールデンウィークと広がり、ここ数年は１年に10回以上のキャンプを行っています。昨年の夏、私は約40日間キャンプにかかわり

ました。キャンプを行うには大きな犠牲が伴いますが、キャンプを通して与えられる祝福は量り知れません。キャンプをすればするほど、実を結ぶのです。

　2007年12月には、長野県に教会のキャンプ場（聖山高原チャペル）が与えられました。約３万坪の敷地に、グラウンド・体育館・宿泊場・チャペル・アスレチックがあります。昨年の夏はこのキャンプ場を利用して、最高のキャンプをしました。主に感謝です。

　キャンプには大きな祝福があり、多くの人の人生を変える力があります。ぜひ、祝福あふれる、楽しいキャンプを行っていただきたいと思います。実際にどのように取り組んだらよいか、私たちの教会で取り組んできたキャンプの働きをご紹介させていただきたいと思います。もう何年もキャンプをしていない教会も、最近マンネリ化しつつあると感じている教会も、改めてキャンプを見直し、チャレンジするきっかけになればと願っています。

●ステップ１：目的を明確にする〜なぜ、キャンプをするの？

　何をするにも、目標をもってチャレンジすることが大切です。では、キャンプの目的とは何でしょうか。

・第一の目的：救いと献身
　キャンプの目的とは、まだクリスチャンになっていない人、イエス様と個人的に出会ったことのない人が、イエス様に出会い、神様の愛を知り、自分自身の罪に気づいて悔い改め、イエス様を救い主として受け入れる決心に導かれることです。また、クリスチャンであっても主から離れていた人が、もう一度主と出会い、主の愛に触れ、主を愛する生き方に導かれることです。そして、若者たちが、人生の目的を見いだし、主のために生きる決心をすることです。

・第二の目的：交わり・「めっちゃエンジョイ」すること
　２番めの目的は、交わりです。キャンプの醍醐味といえば、ふだんではできない交わりをゆっくりと時間をかけてできることです。加えて、キャンプの目的は、最高にエンジョイすることです。楽しくなければキャンプではありません。「これでもかー！」というぐらい遊んでください。私はいつもスタッフに、「今回のキャンプが、参加してくれた人の人生の中でいちばん楽しくて、意味のある時だったと言ってもらえるようなキャンプにしよう」と伝えています。
　時々私たちがはまってしまう落とし穴は、キャンプの大切な目的を見失い、ただプログラムを進めることに一生懸命になってし

まうことです。プログラムをスムーズに進行させるのは確かに大切なことです。けれどももっと大切なのは、明確な目標をもって、それに沿ったプログラムを企画し、目標を見失わずに進行することです。豊かな交わりをもち、ディズニーランドに負けないくらいウルトラ級に楽しいキャンプを目指しましょう。

●ステップ２：キャンプの準備・企画

次は、ステップ１で挙げた目的にたどり着くための具体的な企画と準備です。

・日程
キャンプの日程は、私の経験上、長ければ長いほどよいと言えます。３泊、４泊、５泊……共に過ごす時間が長いほど祝福があります。私たちの教会のチャーチスクール（教会付属の学校）では２週間のキャンプをします。この時を通して、子どもたちのライフスタイルが変わり、大きく成長します。いきなり長い日程のキャンプを行うのは難しいでしょうから、まずは１泊からチャレンジしてみてください。

・場所
キャンプにベストな場所は、神様が創造なさった自然があふれているところで、キリスト教の団体が運営している施設やキャンプ場のような主のために聖別されている場所です。一般の施設はほかの団体がいたり、制約があったりで、なかなか難しい場合があります。キャンプを成功させるには、場所選びは大切なポイントです。よい環境はキャンプの祝福に欠かすことができません。

キャンプの大切な目的の一つは、この世から一時的に離れることでもあります。主イエスはよく山に退いて祈っておられたと聖書に記されています（マタイ14:23等）。ある時は弟子たちを連れて山に登っておられます（マルコ3:13等）。まさにキャンプです。私たちは時々、この世の喧騒から離れて、主と深く交わる必要があります。ですから、静かで、自然豊かな場所が最適なのです。

・プログラム

　よいプログラムはキャンプを成功に導きます。プログラムを企画する時に大切なポイントは「楽しいこと」です。情報を集めて、スタッフで意見を出し合いましょう。

　毎年同じプログラムでは、スタッフも参加者もあきてしまいますから、工夫が必要です。まずはスタッフが楽しめるものを考えることです。スタッフ自身が楽しんでいないと盛り上がらないからです。もちろん、参加者がついてこられなかったり、スタッフだけで楽しんでしまうようなことがあってはなりませんが……。私はサッカーが大好きなので、プログラムにはサッカーを取り入れています。体を動かすプログラムを多く取り入れることをお勧めします。体も心もほぐされるからです。（ちょっと古いかもしれませんが、「ビリーズブートキャンプ」もお勧めですよ。）

　私たちが行ってきたお勧めのプログラムを幾つかご紹介しましょう。
- 夏の水遊び（川や海やプールなどで、単純に水をかけ合うだけでも楽しいものです）
- 川で魚のつかみ取り（取った魚は塩焼きにして食べます）
- バーベキュー

- フルーツ狩り
- 宝探し
- スキット大会
- ミニオリンピック（徒競走・玉入れ・大玉転がしなどいろいろな競技に挑戦します。詳しくは、『ジョイジョイゲーム・イベントアイデア77』をご覧ください）
- フェスティバル（輪投げ・射的・パターゴルフ・ボーリング・魚釣りなどのゲームのブースを回って遊びます。詳しくは、『ジョイジョイゲーム・イベントアイデア77』をご覧ください）
- ユース向けには、スポーツ（スキー・フットサルなど）、バンド、ダンスなど。

122ページから、キャンプで使えるプログラムのアイデアをご紹介していますが、そのほかにもアイデアやヒントが私たちの身の周りにたくさんあります。情報を集めて、楽しいプログラムをつくり上げましょう。

● ステップ3：キャンプの実際・フォローアップ

・礼拝、カウンセリング

プログラムの山場は、何といっても礼拝です。そして、お友だちがメッセージに応答する時です。すべてのプログラムは、このクライマックスである礼拝、特にメッセージにつながるようにしましょう。スタッフとお友だちが心を一つにして、主に礼拝をささげられるように導くのです。

さらに、お友だちがメッセージに応答する時をもちましょう。じっくりと祈りましょう。主の臨在の中で、お友だちが個人的に

主に触れられることが大切です。そのあとで、スタッフと1対1になり、感じたこと、決心したことを語り合います（カウンセリング）。主を信じる決心や献身する決心をするなど、その人の人生が決まる大切な時です。

　お友だちどうしでも語り合うことをお勧めします。それぞれの決心が互いに励ましとなり、チャレンジとなります。決断できなかった子どもたちが、同世代のお友だちの真実なあかしに心を動かされ、決心するきっかけになる場合もあります。

　スタッフは、聖霊に満たされてリードできるように、よく祈って備えましょう。お友だちがどのような決心をしたのかを確認し、そのためにこれから具体的にどうすればよいのかを導きましょう。その場の決心で終わってしまわずに、その決心を実際にどのように生かしていくかが大切なのです。

・キャンプリーダー
　キャンプを導くリーダーが必要です。1人のリーダーを立てて、周りのスタッフが盛り上げましょう。若くて未熟なリーダーであっても、批判するのではなく、スタッフが一致してサポートしてください。スタッフの間に一致がないと、よいキャンプをつくり上げることはできません。聖霊は、私たちがへりくだって一致しているところに働いてくださるからです。人が成長するには時間と経験が必要です。少し先を見て、よいリーダーを育成してください。リーダー自身も、時間にルーズであったり優柔不断であったりしては、みんなを導くことはできませんから、リーダーとしての自覚をもつことが大切です。

・フォローアップ

　キャンプの成功とは、キャンプそれ自体が祝福されるだけでは本当の成功ではありません。ふだんの生活に戻ってから、お友だちがキャンプでした決心をそれぞれの生活に適応してはじめて、成功したキャンプであったと言うことができます。私がキャンプをリードする中で特に強調するのは、このことです。「キャンプで決心したことをふだんの生活で生かしていこう」とお友だちに伝えます。みことばは「実践してなんぼ」です。信仰は、主から示されたことを実行して、初めて本物の信仰となります。スタッフは、以下のようにフォローアップしていきましょう。

　①教会にしっかりつながるようにお友だちを励ます。
　②お友だちと1対1で祈る時間をもち、信頼関係を築く。
　③お友だちと一緒にディボーションをする。
　④決心したことがどのように生かされているか語り合い、確認する。

　ねばり強く、あきらめずにフォローしつづけることが大切です。

●キャンプを行う上での3つの注意点

1　子どもたちを無事に家に帰すこと。

　家庭から預かったお友だちをとにかく無事に帰すことが大切です。お友だちが病気になったり、けがをしたり、事故に巻き込まれたりしないように、スタッフは細心の注意を払いましょう。病気やけがに対応するために、最寄りの病院を調べておきましょう。万が一の時のために、旅行保険やレジャー保険などに加入しておくことも大切です。

2　夜はきちんと寝かせること。

　昼間のプログラムよりも、夜の時間を楽しみにしている子どもたちもいます。一晩じゅう話し込んだり、遊んだりすることを目的に参加しているのです。友だちと親しく交流するのはとても大切なことですが、寝不足は体調不良の原因になります。それに、いちばん肝心な礼拝の時間に居眠りなどしていたら本末転倒です。メッセージ中に寝ていて、最後の招きの時に前に出てきたりしたら、それはおかしな話です。メッセージをよく聞くためにも、スタッフが配慮して、きちんと睡眠をとらせましょう。

3　ラブワゴンキャンプにならないこと（ユースの場合）。

　ユースにとっていちばんの関心事は、異性です。キャンプに参加して、イケメンやカワイイ子と仲良くなることが彼らの目的の1つかもしれません。けれども、キャンプの主目的は、神を知り、神のご臨在を経験することです。バランスのとれたけじめが必要です。何でもありの、けじめのないキャンプにしてしまったら、

本来の目的が果たせません。私たちは、キャンプの初めにこのことをきちっと伝え、異性間のメールアドレスの交換はしないなどのルールをもうけています。

●Let's チャレンジ！

　楽しいプログラムを企画して、十分な準備をし、最高のキャンプをつくり上げましょう。スタッフの一致があるところに聖霊が働かれ、神の力があらわされます。主が臨在されるならば、すばらしいキャンプとなります。

　キャンプをすればするほど、祝福されます。恵まれます。実を結びます。お友だちもユースもスタッフも主からの力を受け、元気になり、主の弟子として成長します。やらなければ損です。もったいないです。どうぞチャレンジしてみてください。

　もし自分の教会だけでキャンプをすることが難しければ、私たちが主催している春や夏のキャンプにぜひ一度ご参加ください（お問い合わせは、みどり野キリスト教会まで）。

72 水かけ

- ◆**対象** 幼児〜
- ◆**用意するもの** ミニプール（4つ）、紙コップ（人数分。ミニバケツや水鉄砲などもよい）、トイレットペーパー
- ◆**内容**

① 4チームにチーム分けをし、全員に紙コップ（1つ）とトイレットペーパー（各自に50センチぐらい）を配る。

② 全員が首にトイレットペーパーを巻く（一回りだけ。二重にはしない）。

③ 各チームの陣地に、水を入れたミニプールを用意する。各自、陣地のプールで紙コップに水をくむ。

④ 「スタート！」の合図で、全員が他のチームのお友だちに紙コップの水をかけに行く。その水で、相手の首に巻かれたトイレットペーパーを切り離す（手を使って切ってはいけない）。自分のトイレットペーパーが切れてもゲームには続けて参加できる。

⑤「終わり！」の合図で終了。トイレットペーパーが切れた人数がいちばん少なかったチームが勝ち。トイレットペーパーが切れた人数がいちばん多かったチームは、罰ゲームとして、勝ったチームから10秒間水をかけられる。

73　フルーツ狩り

◆**対象**　幼児〜
◆**内容**　キャンプ場の近くに果樹農園があれば、キャンプのプログラムの１つとして果物狩りに行こう。(例：ブルーベリー狩り)食べ放題だと気兼ねなくお友だちと楽しむことができる。スタッフがあらかじめ農園に連絡して、日程、人数、料金などを確認しておくこと。

74　宝探し

お友だちの心をドキドキワクワクさせるゲーム。

◆**対象**　幼児〜
◆**用意するもの**　紙（150枚以上）、賞品
◆**内容**

①150枚くらい用意した紙の何枚かに○じるしを書き、全部の紙をいろいろな場所に隠す（隠す範囲は広ければ広いほどよい）。

②お友だちはグループになり、制限時間内に隠された紙を探す。○じるしの紙を探し当てたお友だちに賞品をあげる。

③各自が見つけた白紙の紙には、自分の名前を書く。それを全部スタッフが回収して抽選用紙とする。スタッフがそこから何枚か引き、その紙に名前が書いてあったお友だちも賞品をもらえる。

75 スキット大会

　お友だちの持ち味が生かされたり、隠れた才能が開花するチャンスになるかも。

◆**対象**　小学生〜　◆**用意するもの**　賞品

◆**内容**　グループ分け（学年ごとや学年の縦割りなどで分ける）をして、それぞれ演じるスキット（物語の小劇）を考える。（例：「3匹のこぶた」）フリータイムにみんなで練習する。全グループが発表する場を設ける。スタッフが評価して、優勝チームに賞品をプレゼントする。

76 キャンプファイヤー

◆**対象**　小学生〜

◆**用意するもの**　たきぎ、チャッカマン、着火剤、水

◆**内容**　キャンプの定番的なプログラムの1つ。賛美→ゲーム→賛美→スキット（小劇）というプログラムの流れで、スキットをする時にキャンプファイヤーの点火をすると盛り上がる。点火のあとにも幾つか賛美を歌い、そのあとメッセージを聞く。メッセージ後に、炎を見つめながら神様の偉大さを思ったり、火が消えてから夜空の星を眺めて神様の祝福を思うのもよい。

77　Tシャツ

◆**内容**　キャンプ用のオリジナルTシャツを作り、全員に配る。(スタッフがデザインを考え、専門業者に制作を依頼する。業者は、インターネットで「オリジナルTシャツ」と検索すると調べられる。)

　Tシャツの色をチームごとに分けてスポーツ大会をすると、一体感が生まれてプログラムが盛り上がる。また、キャンプの最終日に、キャンプでの思い出や決心したことをペンでTシャツに書いたり、キャンプで仲良くなった仲間に一言書いてもらったりすると、よい思い出になる。

【著者】西村希望
　JESUS FAMILY みどり野キリスト教会のユースパスター。
　みどり野キリスト教会付属のチャーチスクール（HICS）及びカレッジ（BTC）教師。
　ジョイジョイキッズキャンプ（CS成長センター主催）のコーディネーター、CS・ユース教師のセミナーやJ+PASSIONの講師を務め、ユースライブ・ユース大会・諸教会でのキッズとユースの集会で奉仕するなど、次世代のためのミニストリーで活躍中。
　賛美・ダンスのチーム「JESUS FAMILY」と共に積極的に活動中。
　聖山高原チャペルで、夏休みに「ぶっとびキャンプ」（キッズ対象）を、春と夏に「ユースキャンプ」を実施している（詳しくはHPで）。
　ユースのためのオリジナルCD「ミンナサンビ」（I–V）と、キッズのためのオリジナルCD「ぶっとびさんび」（I–IV）をプロデュース。
　ビジョンは、《次世代をかちとれば、リバイバルが起こる！》
　JESUS FAMILY　みどり野キリスト教会
　　横浜市青葉区すすき野 2-6-16
　　電話 045-902-7898　http://www.jesusfamily.jp/

Let's チャレンジ 次世代伝道!!
ゲーム・イベントアイデア 77　Part 2

2009年9月20日発行
2011年5月 1日再刷

著者　　西村希望 著
　　　　JESUS FAMILY みどり野キリスト教会 編
発行　　いのちのことば社　CS成長センター
　　　　〒164-0001　東京都中野区中野 2-1-5　TEL03（5341）6929

乱丁・落丁はお取り替えします。

Printed in Japan © 西村希望 2009
ISBN978-4-8206-0273-6

お友だち・ユースのために ～好評発売中～

ジョイジョイ ゲーム・イベント アイデア 77

小さなお友だちからユースまでが夢中になる
楽しいゲームが盛りだくさん！

西村希望 著　みどり野キリスト教会 編
定価（本体750円＋税）
B6判 128ページ　発行：ＣＳ成長センター

ＣＳ成長センター　〒164-0001　東京都中野区中野2-1-5　TEL.03(5341)6929

教会学校でそのままつかえる
チラシ素材集！〈ＣＤデータ〉

Microsoft Word で編集可能！
自由に使えるイラストのデータも収録。

定価 1,500円（税込）
製作・発売元：みどり野キリスト教会

ミンナサンビ（1～5）YOUTH ＣＤ

ライブワーシップ＆バンドによる賛美！
あなたも私もみんな賛美！
元気になること間違いなし！

定価 各1,500円（税込）
製作・発売元：みどり野キリスト教会

ぶっとびさんび（1～4）KIDS ＣＤ

元気いっぱいのお友だちのためのキッズＣＤ！
心もからだも元気になること間違いなし！
（カラオケ付き）

定価 各1,000円（税込）
（楽譜別売　500円）
製作・発売元：みどり野キリスト教会

みどり野キリスト教会　http://www.jesusfamily.jp